中小学校园欺凌及其防治策略

王喜娟 等 著

华南理工大学出版社

·广州·

图书在版编目（CIP）数据

中小学校园欺凌及其防治策略/王喜娟等著.—广州：华南理工大学出版社，2022.6
ISBN 978-7-5623-7088-8

Ⅰ.①中⋯　Ⅱ.①王⋯　Ⅲ.①中小学-暴力行为-预防-学校管理　Ⅳ.①G637

中国版本图书馆CIP数据核字（2022）第105212号

Zhongxiaoxue Xiaoyuan Qiling Jiqi Fangzhi Celüe
中小学校园欺凌及其防治策略
王喜娟　等　著

出 版 人：柯　宁
出版发行：华南理工大学出版社
　　　　　（广州五山华南理工大学17号楼，邮编510640）
　　　　　http://hg.cb.scut.edu.cn　E-mail:scutc13@scut.edu.cn
　　　　　营销部电话：020-87113487　87111048（传真）
责任编辑：陈　蓉
责任校对：龙祈君
印 刷 者：广州小明数码快印有限公司
开　　本：787mm×1092mm　1/16　印张：9.75　字数：207千
版　　次：2022年6月第1版　印次：2022年6月第1次印刷
定　　价：45.00元

版权所有　盗版必究　　印装差错　负责调换

目录 Contents

第一章 立德树人视角下中小学校园欺凌防控研究 ················· 1
  一、"立德树人":新时期教育事业的一项根本议题 ················· 1
  二、防控校园欺凌是落实立德树人根本任务的迫切要求 ··········· 2
    (一)中小学校园欺凌现状较为严峻 ························· 2
    (二)防控校园欺凌有利于全面落实立德树人根本任务 ········· 3
    (三)"立德树人"重任下落实校园欺凌防控工作势在必行 ······· 4
  三、有效防控校园欺凌需以立德树人为根 ····················· 5
    (一)守望"立德树人":回归教育初心,探索破局之道 ·········· 5
    (二)坚定"德育立场":优化道德教育,预防校园欺凌 ·········· 5
    (三)高擎"三全育人":抓实组织建设,联控校园欺凌 ·········· 7

第二章 关于中小学校园欺凌问题研究的现状分析 ··············· 11
  一、基于CiteSpace的研究方法概述 ························· 11
    (一)数据来源 ·· 11
    (二)研究方法 ·· 12
  二、基于CiteSpace的研究结果分析 ························· 12
    (一)发文作者及发文机构分析 ··························· 12
    (二)研究现状及趋势分析 ······························ 15
    (三)研究的热点主题分析 ······························ 21
  三、校园欺凌研究评述与反思 ······························ 26

第三章 中小学校园欺凌的主要理论阐释 ······················ 28
  一、中小学校园欺凌的核心概念解读 ························· 28
    (一)校园欺凌 ·· 28

（二）中小学生欺凌 ·· 29
　　（三）欺凌者、被欺凌者与旁观者 ·· 30
二、中小学校园欺凌的主要特征、主要形式及关键主体 ············ 31
　　（一）校园欺凌行为的主要特征 ·· 31
　　（二）主要形式 ·· 34
　　（三）关键主体 ·· 36
三、校园欺凌行为的危害分析 ·· 39
　　（一）对于欺凌者，欺凌易使其养成负性思维方式 ············ 40
　　（二）对于被欺凌者，欺凌会给其学业及身心发展带来长久危害 ········ 41
　　（三）对于旁观者，欺凌也在侵蚀着他们的自信与自尊 ···· 42
　　（四）欺凌影响学校的正常管理与社会的和谐稳定 ············ 42

第四章　研究个案一：乡镇小学校园欺凌问题的学校防控策略研究 ········ 44
一、乡镇小学校园欺凌问题亟待关注 ·· 44
　　（一）父母监管缺失令学生易欺凌他人或遭受欺凌 ············ 44
　　（二）留守儿童可能存在的心理问题易引发或遭受欺凌 ···· 46
　　（三）乡镇小学是发生与防控校园欺凌的关键场域之一 ···· 47
二、乡镇小学校园欺凌的现状调查 ·· 47
　　（一）乡镇小学校园欺凌的现状 ·· 48
　　（二）乡镇小学校园欺凌的类型 ·· 50
　　（三）乡镇小学校园欺凌的主体感受 ···································· 52
　　（四）乡镇小学校园欺凌的应对方式 ···································· 54
　　（五）乡镇小学学校采取的防控措施 ···································· 56
三、乡镇小学校园欺凌学校防控方面存在的问题 ······················ 57
　　（一）学校对校园欺凌的预防重视不够 ································ 57
　　（二）学校欠缺妥善处理校园欺凌的能力 ···························· 60
　　（三）学校对校园欺凌的防控力度不足 ································ 63
四、乡镇小学校园欺凌学校防控的优化策略 ······························ 67
　　（一）综合预防：重视教育宣传和环境建设 ························ 67
　　（二）系统干预：欺凌过程的处理与约束并重 ···················· 69
　　（三）构建学校、教师、学生三维一体的防控体系 ············ 71

第五章 研究个案二：民办中学校园欺凌的教师治理策略研究······75
一、中学生校园欺凌问题的原因分析······75
（一）个人层面的归因······75
（二）家庭层面的归因······77
（三）学校层面的归因······78
（四）社会层面的归因······80
二、教师是民办中学治理校园欺凌的关键节点······82
（一）教师是民办中学校园欺凌的事前预防者和控制者······82
（二）教师是民办中学校园欺凌的事中协调者和干预者······83
（三）教师是民办中学校园欺凌的事后安慰者和处理者······83
三、民办中学教师治理校园欺凌现状研究······84
（一）调查对象······84
（二）结果分析······85
四、民办中学教师治理校园欺凌的主要问题及原因分析······92
（一）民办中学发展现状阻碍教师治理的步伐······92
（二）教师的畏惧心理降低了治理水平······94
（三）师生关系现状进一步加剧了治理的难度······96
（四）教师对校园欺凌认识不到位······98
五、民办中学教师治理校园欺凌的优化策略探讨······99
（一）提高教师工作效率，增加治理时间······100
（二）进一步坚定教师的信心，增强主动治理意识······100
（三）提高教师治理校园欺凌的能力······101
（四）实施"事前预防+事中干预+事后安慰"的治理方式······102
（五）构建和谐师生关系，降低校园欺凌发生率······104

第六章 中小学校园欺凌防控的国际经验借鉴······106
一、英国：构建多元主体分工明确、协同参与的校园欺凌防治格局······106
（一）政府出台政策法规，夯实校园欺凌防控的政策基础······106
（二）中小学制定个性化举措，落实校园欺凌的预防与处置工作······108
（三）家庭及社会组织协同参与，整合各类社会资源力量打击校园欺凌······111

二、美国：形成完备的校园欺凌法律规范体系，建立综合防治机制 ………… 113
　　　　（一）建立健全校园欺凌相关法律制度，完善司法保障体系 ……………… 113
　　　　（二）预防、关怀、干预、惩罚多措并举，整合校园欺凌处理程序 ……… 116
　　　　（三）多方经验借鉴，建立校园欺凌综合防治机制 ………………………… 119
　　三、日本：重视早期预防，专项立法处置，社会各界群策群力 ……………… 120
　　　　（一）加强道德教育，积极预防校园欺凌 …………………………………… 121
　　　　（二）健全法治路径，严肃处置校园欺凌 …………………………………… 122
　　　　（三）汇聚三方力量，共同应对校园欺凌 …………………………………… 125

第七章　中小学校园欺凌问题防治策略探讨 ……………………………………… 128
　　一、"内功修炼"：提升学生思想品德素养与欺凌防范能力 …………………… 128
　　　　（一）丰富学校教育内容，优化道德教育及安全教育课程质量 …………… 128
　　　　（二）提升家庭教育品质，创造有益子女身心健康的家庭空间 …………… 129
　　　　（三）重视社会文化建设，创建和谐友爱的社会文化环境 ………………… 131
　　　　（四）激发个体主观能动性，鼓励学生自觉学习校园欺凌的应对之法 …… 133
　　二、"外功加持"：强化法治建设并协调多元主体共同参与 …………………… 134
　　　　（一）完善校园欺凌立法，加强法制宣传教育 ……………………………… 134
　　　　（二）依法处理校园欺凌事件，惩罚教育并重 ……………………………… 134
　　　　（三）各级主体提高责任意识，形成防治合力 ……………………………… 135
　　三、"防治结合"：完善"预警+干预"的校园欺凌长效治理机制 …………… 136
　　　　（一）完善以学校为中心的欺凌"预警机制" ……………………………… 136
　　　　（二）建设家庭、学校、公安部门等多方联动的欺凌"干预机制" ……… 137

参考文献 ……………………………………………………………………………… 139
后　记 ………………………………………………………………………………… 149

第一章 立德树人视角下中小学校园欺凌防控研究

教育的根本任务在于立德树人,这是我国教育事业也是基础教育事业科学发展的重要指导方针,根除校园欺凌是贯彻立德树人任务要求的关键一步。从立德树人视角出发,中小学校园欺凌防控工作的精准落实与扎实推进应注重坚持目标与过程的双重导向。目标层面上,应坚定扎根立德树人的理想信念,通过强化对未成年人群体的思想道德教育,预防校园欺凌;过程层面上,应当充分依托立德树人的"三全育人"机制,倡导组建起学校统帅、家校合作、社会参与三位一体的反欺凌行动网络,联控校园欺凌。

一、"立德树人":新时期教育事业的一项根本议题

"立德树人"作为教育的根本任务这一提法首次出现在党的第十八次全国代表大会上。2012年党的十八大报告指出:"全面贯彻党的教育方针,坚持教育为社会主义现代化建设服务、为人民服务,把立德树人作为教育的根本任务。"[①]这是对党的十七大"坚持育人为本、德育为先"教育理念的继续深化,同时也为今后的教育事业的发展指明了方向。那么,究竟何谓"立德树人"?换句话说,在当今时代环境中,中国特色社会主义教育应当"立什么德,树什么人"呢?对以上问题的解答也是解码时下教育改革方程式的关键。

为厘清立德树人的含义,我们首先需要明确"立德"与"树人"之间的关系。实际上,"德"和"人"是一体的,德是人之德,离开人,德无寄生之地;德是人之魂,人无德不立,非人也[②]。故"立德树人"在这里也应看作是一个整体性词汇,是"立育人之德"与"树有德之人"的有机统一。在此基础上,当把"立德树人"回归到教育的根本任务这一语境下来加以考察时,对"立德树人"理念内涵的探讨即可转化为对新时代人才培养工作的目标、方向、要求的一种追问和把握。2018年习近平总书记出席北京大学师生座谈会时,围绕"立德树人"提出,教育要使学生"明大德、守公德、严私德"和"培养德智体

---

① 胡锦涛. 坚定不移沿着中国特色社会主义道路前进,为全面建成小康社会而奋斗——在中国共产党第十八次全国代表大会上的报告[M]. 北京:人民出版社,2012.
② 冯建军. 立德树人的时代内涵与实施路径[J]. 人民教育,2019(18):39-44.

美劳全面发展的社会主义建设者和接班人"①的合理期待。2019年4月30日，习近平总书记在纪念五四运动100周年大会上，就"新时代需要什么样的青年"这一重要课题进一步作出系统性阐述，对新时代青年的成长成才、做好新时代的青年工作提出了明确要求。习近平总书记讲到，落实立德树人根本任务，激励广大青年群体努力成为能够担当民族复兴大任的时代新人，是教育建设与人才培养的初心与依归。立德树人的核心在于以文化人、以德育人，以对学生的思想水平、政治觉悟、道德品质、文化素养的教化为立足点，给予青少年群体以社会主义核心价值观为基础的道德引领和品行教养，引导其成长为德智体美劳全面发展的社会主义建设者和接班人。概而言之，立德树人的教育理想呼唤一代有为青年，要具有坚定的理想信念、高尚的品德修养、优良的行为举止，恪守社会规范，克服腐朽习气，始终将自觉投身中国特色社会主义事业的职责担当牢记于心，躬行于实。

新时代中国共产党人赋予了"立德树人"更加丰富和先进的时代内涵，立德树人逐步成为当代中国特色社会主义教育思想的重要内容，它承载着中国特色教育现代化与人才培养的目标要求，指引我国教育事业发展建设的基本方向。

二、防控校园欺凌是落实立德树人根本任务的迫切要求

落实立德树人是教育的根本任务。贯彻落实校园欺凌防控工作，是中小学落实立德树人任务、培养德才兼备人才的现实需要。

（一）中小学校园欺凌现状较为严峻

近年来，越来越多的校园欺凌事件被曝光。中国教育发展报告（2017）针对北京市中小学欺凌情况的调研显示："46.2%的学生有被故意冲撞的经历，40.7%的学生有被叫难听绰号的经历，18.6%的学生有被同学联合起来孤立的经历。"②最高人民检察院在2019年5月发布的一组关于校园欺凌的数据显示：2018—2019年，共批准逮捕校园欺凌犯罪案件涉案人员3407人，起诉5750人③。2019—2020年，华中师范大学教育治理现代化课题组（以下简称"课题组"）在山东、广东、湖南、湖北、广西、四川六省（区）进行实地调研，分别对省会城市、地级市及县级市的中小学进行抽样调查，样本涵盖东中西部地区130余所中小学的1万余名学生，问卷中对校园欺凌有关内容进行了专项调查。课题组对全国六

---

① 习近平：坚持中国特色社会主义教育发展道路，培养德智体美劳全面发展的社会主义建设者和接班人[N]. 人民日报，2018-09-11（01）.
② 杨东平，杨旻，黄胜利. 教育蓝皮书：中国教育发展报告（2017）[M]. 北京：社会科学文献出版社，2017：215.
③ 最高检举行推动加强和创新未成年人保护社会治理新闻发布会[EB/OL].（2019-05-27）[2021-10-21]. http://www.scio.gov.cn/xwfbh/qyxwfbh/Document/1657181/1657181.htm.

省（区）的调查数据显示，校园欺凌的发生率为32.4%。与以前其他课题组所做的调查相比，课题组认为，近年来校园欺凌发生率总体呈降低趋势，但发生率仍旧偏高[①]。北京师范大学的一项调查显示，我国中小学生中有41.1%的学生遭受过"被别人威胁和打骂"的侵害，其中，西安、重庆等城市的数值高达49%，这些侵害还涉及抢夺、伤害、虐待等；有31%的学生遭受过"被人勒索钱财"的侵害，其中，西部城市的数值高达37.9%；36.2%的学生遭受过"盗窃"侵害，中小城市的数值达到39.8%[②]。与此同时，从当前有关校园欺凌的诸多媒体报道中可以看到，许多欺凌事件中提及的手段与涉事人员的年龄实际上并不相符，且往往主观恶意极大，欺凌的手段选取愈发残忍，受欺凌者所受到的伤害也越发触目惊心。

构筑校园欺凌联防阵线已成为一项刻不容缓的社会性议题。有效防治校园欺凌，对于学生个人、所在家庭、学校教师、校园建设乃至社会发展等都有莫大的现实意义。

（二）防控校园欺凌有利于全面落实立德树人根本任务

党的十八大以后习近平总书记把"立德树人"作为其教育思想的核心理念，后又多次在不同场合中以对教育事业建设提出新期待、新要求的形式从不同角度升华了这一思想。针对基础教育领域，习近平总书记立足于学生的成长成才，强调基础教育是立德树人的事业，关系到每一个孩子身心成长[③]。因此，着力根治校园欺凌问题，既是为青少年群体的生命健康安全负责，也是在全社会范围内铺叙立德树人理念所需。

防治校园欺凌有利于加强校园安全建设，进而为立德树人理念的孵化营造良好的环境空间。近几年校园欺凌事件频发，校园欺凌已经成为威胁校园与学生安全最突出问题之一。校园是生机勃勃、书香四溢、教书育人的场所，但校园欺凌这个不和谐的音符却带来了不和谐的声音。此外，根据破窗理论，环境中的不良现象如果被放任存在，会诱使人们仿效，甚至变本加厉。也就是说，欺凌事件一旦发生，学校务必及时作出反应并严肃处理，否则将会在学生群体中形成负面导向，学生们可能会由此对校园欺凌的恶劣性质产生错误认知，甚至在因为没有惩罚加以威慑的情况下滋生模仿念头，致使欺凌乱象愈发严重[④]。校园安全作为学校教育发展的基础性工程之一，深切关系到学生能否拥有一个健康的学习和成长环境。校园欺凌事件的发生，干扰了中小学正常的秩序，破坏了和谐的校园气氛。加大校园欺凌的防控力度，有利于排解校园安全隐患，加固校园安全堡垒，整体提升校园安全和谐指数。

[①] 付卫东，周威，李伟，等."空""薄""困""缺"，聚焦破解校园欺凌面临四大困境[N].中国青年报，2021-11-01（08）.
[②] 樊婷婷.英国反欺凌联盟（ABA）反校园欺凌援助研究[D].重庆：西南大学，2020.
[③] 习近平：全面贯彻落实党的教育方针 努力把我国基础教育越办越好[EB/OL].（2016-09-09）[2017-10-23].http://www.xinhuanet.com/politics/2016-09/09/c_1119542262.htm.
[④] 潘虹.中学校园欺凌问题及其成因研究——以×中学为例[D].兰州：西北民族大学，2017.

整顿校园欺凌有利于降低青少年群体走上违法犯罪道路的概率，为构建和谐法治社会增添保障。从校园欺凌所致的潜在性危害来看，欺凌者的行为如果没有得到及时且有效的惩戒，其行为会在长时间内保持。挪威学者奥维斯在其2011年的研究中指出，许多罪犯都有校园欺凌的前科，55%的校园欺凌者有过至少一次的犯罪经历，36%的校园欺凌者有过至少三次的犯罪经历[1]。并且这种危害很可能在之后的家庭生活中表现出来，子女受家庭环境的影响，模仿父母的行为，通过代际传递，其子女在学校中也会用同样方式来解决问题，造成恶性循环。因此，加大对校园欺凌的防范力度，从教育学、心理学、社会学等多学科视角出发，探索从根源上杜绝欺凌想法的萌生、欺凌行为的实施的策略，对被欺凌者进行后继安抚，对于消减欺凌危害，降低整个社会未成年人群体的犯罪概率，进而推进法治社会建设以反哺校园欺凌防控实践的展开具有可观的现实价值。

社会的发展需要人才，培养人才需要良好的教育和学习环境。防治校园欺凌问题是立德树人理念落实和目标实现的重要保障。

（三）"立德树人"重任下落实校园欺凌防控工作势在必行

校园欺凌现象是当下一个极为敏感的教育问题，在校园欺凌事件发生频率居高不下的警示下，社会各界逐渐在校园欺凌问题上达成共识，即构筑校园欺凌联防阵线已成为一项刻不容缓的社会性议题。彻底铲除校园欺凌是全社会的殷切期盼。

2016年11月，教育部联合九部门发布了《关于防治中小学生欺凌和暴力的指导意见》，要求加强教育预防、依法惩戒和综合治理，切实防治学生欺凌和暴力事件的发生。2017年12月，教育部等十一部门联合印发了《加强中小学生欺凌综合治理方案》，提出了校园欺凌治理新举措。总的来说，目前既出台了围绕校园欺凌主题的"专项治理"指导意见，也有涉及该主题的"综合治理方案"；既有国务院教育督导委员会的专项治理指导，还有教育部、中央综治办等九部门的联合指导，以及各省、自治区、直辖市教育厅（教委）、综治办等十一部门的综合性治理。2021年6月教育部发布《未成年人学校保护规定》，其中对于防欺凌事项单独设立了"专项保护"这一章；同年10月26日，十三届全国人大常委会第十四次会议举行分组会议，审议未成年人保护法修订草案、预防未成年人犯罪法修订草案等，其中新增设的校园欺凌防控措施引发了公众更深入的思考[2]。这些法律法规的相继出台，充分体现出国家近些年来对校园欺凌问题的重视程度有所增加，相关处置程序也正趋于法治化和规范化，极大程度助力了我国校园欺凌防控工作的深度推进与展开。

"国运兴衰，系于教育；三尺讲台，关乎未来。"当下频发的校园欺凌现象，其性质的恶劣性、危害的深远性正在向社会各界发出警号，校园欺凌这颗藏匿在教育领域内部的不

---

[1] 章恩友，陈胜.中小学校园欺凌现象的心理学思考[J].中国教育学刊，2016（11）：13-17.
[2] 钟意，杨阳.不是我的错——如何应对校园欺凌[J].中小学心理健康教育，2021（14）：44-46.

良因子，不利于立德树人理念的落实，不利于我国教育事业整体的良性发展。故中小学必须防治校园欺凌问题，这是贯彻落实立德树人根本任务的要求。各中小学当牢记"以德树人"和"树有德之人"的根本法则，秉持社会主义核心价值观和理想信念，重视校园欺凌的防治工作，为营造更加良性、和谐的社会氛围服务。

三、有效防控校园欺凌需以立德树人为根

立德树人作为教育工作的根本任务，一方面要求学校高度重视德育工作的开展，为中华民族的伟大复兴培养道德高尚、品质优良的人才；另一方面提出"三全育人"的行动机理，强调教育过程中的多方协同、全面发力、整体推进。有鉴于此，为保障校园欺凌防控工作的有效落实，未来实践过程中应扎根"立德树人"的教育理念，坚持目标与过程的双重导向。

（一）守望"立德树人"：回归教育初心，探索破局之道

立德树人是我国教育事业也是基础教育事业科学发展的重要指导方针。立德树人理念以引导学生形成正确的世界观、人生观和价值观为主线，以促进学生思想道德素质、科学文化素质和身心健康素质的普遍提高和协调发展为旨归。

落实校园欺凌治理工作的过程本身即是践行立德树人初心使命的一种体现。近年来，越来越多的校园欺凌事件被曝光。校园欺凌成因的复杂性、形式的多样性、危害的隐蔽性等特征，大大提升了欺凌的防控难度，且随着社会政治、经济、文化、科技等迅速发展，校园欺凌的治理实践不断面临新的情况和问题，令欺凌防控难度增加。

而在探讨中小学校园欺凌防控实践语境当中，"立德树人"思想既是世界观，也是方法论。从立德树人视角出发，我们应以立德树人目标为导向，加强道德品质教育，为预防校园欺凌创造思想基础；以立德树人的过程导向为纲，依托"三全育人"机制，为系统管控校园欺凌提供组织保障。概而言之，就是强调德育先行，统筹跟进，预防与管控并重，中心与外围协同。

（二）坚定"德育立场"：优化道德教育，预防校园欺凌

欺凌行为往往表现为欺凌者蓄意对被欺凌者施加的主动伤害，欺凌者在这一过程中会降低道德标准，瓦解内心的自责感与愧疚感并试图说服自我行为的合理性[①]，显然，这是一种道德观念淡漠乃至缺乏的表现。这对我国的德育工作提出了更高的要求，如何通过提升德育工作的实效性，预防校园欺凌的发生，是广大教育工作者都需要思考的问题。

---

① 全晓洁，靳玉乐.校园欺凌的"道德推脱"溯源及其改进策略[J].中国教育学刊，2017（11）：91-96.

1. 转变德育观念，落实德育要求

2019年10月，中共中央、国务院印发的《新时代公民道德建设实施纲要》中，明确提出要把立德树人贯穿学校教育的全过程，坚持育人为本，德育为先。然而在实际教学中，我国中小学却存在着重知识、轻德育的现象。有学者指出，当前学校德育存在着"学校中心论""专门德育论""即时效果论"三大认识误区，从根本上制约了学校德育的深入发展[①]。学校德育实施的不足，令学校及各级人员对以道德教育引领校园欺凌防控工作推进的可行性及必要性认识不到位。小学阶段是立德树人的关键时期，学校是立德树人的主阵场，广大教育工作者应更加清晰地认识到强化学生思想道德教育的重要性和必要性。

在新时期下，各中小学应转变态度观念，施行德智并重、以德为先的教育理念。中小学应将德育内容细化到各科教学中，着力打造中小学"各学段纵向衔接，各学科教育模式横向融通"的德育课程体系，确保德育理念切实融合于教育教学全过程之中，引导学生们树立起正确的人生观和价值观，以此实现对学生思想道德领域的常态化灌洗与建设，彻底铲除欺凌念头滋生的土壤，切实做到防患于未然。

2. 革新德育内容，凸显德育价值

德育课堂是青少年反欺凌教育宣传及开展的有利渠道，应成为学校道德教育建设工作的重点。德育课程内容在选择及设计上，既要体现"德"的引领，也应包含"法"的介入，以思想道德教育作统筹，以法律法规教育作支持，引导学生养成良好的思想品德和行为习惯。

（1）扎根社会主义核心价值观开展思想道德教育。《新时代公民道德建设实施纲要》指出，应将思想品德作为学生的核心素养，把社会主义核心价值观和道德规范有效传授给学生。紧密联系中小学生的思想实际，积极培育和践行社会主义核心价值观，是中小学道德教育开展的基本思路，也是"反欺凌"主题教育的必要构成。在此基础上，可以突出对"友善"观的讲解与内化，并重点关注"友善"的教化意义，引导学生尊重他人、礼貌待人，养成他者意识；宽容他人、宽以待人，具有包容意识。在开展友善教育过程中，还可以兼顾到礼仪教育、感恩教育、尊重教育、责任教育等多主题元素，进一步扩充和丰富道德课堂的教育内容，引导学生树立正确的价值观，形成团结友爱、友善待人的理念和行为习惯，进而从思想上防止欺凌行为的发生。

（2）依托相关政策文件开展法律知识普及教育。提升法制素养是"反欺凌"的另一重要途径。教育部在2021年年初印发的《防范中小学生欺凌专项治理行动工作方案》中要求，各地教育部门和学校要结合学生身心发展规律和思想状况，加强对于新修订的《中华

[①] 杜时忠. 当前学校德育的三大认识误区及其超越[J]. 教育研究，2009（8）：78-82.

人民共和国未成年人保护法》《中华人民共和国预防未成年人犯罪法》等法律的宣传解读。补充法制教育的相关内容，帮助学生知晓基本的法律边界和行为底线，消除未成年人违法犯罪不需要承担任何责任的错误认识。法制教育的实施形式可以灵活多样，例如通过开设道德与法制课，开辟出专门的课程场地。此外，还可通过邀请民警、律师等专业人士进校园开展专题讲座等，向学生讲述真实的案件以及处理办法，警示学生欺凌同学要承担怎样的后果，树立法律在学生心目中的权威。各班级还可以通过主题班会、角色扮演、辩论赛等多种形式，组织学生亲身参与到对相关法规政策的讨论学习中，并自觉形成知法守法、不实施欺凌和暴力行为的基本意识。

3. 改进德育方式，激发内在动力，促进知行合一

在时代的不断发展进步中，"立德树人"理念也正朝向更加丰富的内涵空间和更高水平的实践构成上延展。人们更加深刻地认识到，"树人"不再只是单纯施加给教育者一方的外在压力，更重要的是要求教育者们能够充分调动起受教育者的内驱力。这也启示广大教育工作者在组织反欺凌德育教学实践时，需要更多地关注对学生个体主观能动性的激发。

"道德"这一概念本身囊括了对知、情、意、行四个方面的关切与要求，从而决定了道德教育的实施在这四个环节上应全面兼顾，缺一不可。传统的德育教学以在课堂上向学生传授德育知识为主，这极易使德育课堂陷入"满堂灌"的歧途中。这种缺乏情感体验的德育教学方式，会使学生群体的道德行为与道德认知发生脱节，即出现"知而不行"的结果，甚至在一定程度上制约学生的道德发展。因此，教师有必要及时调整德育课程的教学思路，将目标由传播刻板的理论知识，转向培养基本的道德判断能力，在教学实践中增加体验式教学环节，保证学生的实际参与，以获得道德体验，诱发情感共鸣。

苏格拉底认为，美德是可以通过教育培养的，德育就是通过教育及教学活动提高学生的道德意识，培育道德情感，养成道德习惯，树立道德信仰。活动性德育课程的灵活运用，更有利于使未成年人群体觉察到自身道德发展过程中的内在矛盾，进而激发起他们主动寻求教育引导与帮助的需求和动机。教师可以通过不断引导学生们真切地参加道德实践活动，来帮助学生加深对道德概念本身的理解与反思，进而推动学生群体向自觉、自省、自悟的境界前行，这也将有利于使道德教育在青少年群体的受教育过程中焕发出更为持久的生命力，获得更丰富的社会成效。

（三）高擎"三全育人"：抓实组织建设，联控校园欺凌

2019年发布的《习近平新时代中国特色社会主义思想学习纲要》指出："要坚持把立德树人作为中心环节，把思想政治工作贯穿教育教学全过程，实现全员育人、全程育人、

全方位育人。"①从当前校园欺凌事件的蔓延形势来看，校园欺凌的长效治理同样是一项面向社会各界的综合性、系统性工程。因此，在今后开展防控校园欺凌工作的过程中，可以充分借鉴以及对标"三全育人"的理念要求，在教育实践过程中构建起全员主导、全过程整合和全方位保障的行动机制。

1. 以学校教育为统帅，凝聚人人有责的反欺凌责任共识

学校是开展校园欺凌防控教育的主要场所，校内每名教职员工都应把自身视作校园反欺凌教育生态的一部分。制止有害于学生的行为或者其他侵犯学生合法权益的行为，批评和抵制有害于学生健康成长的现象，是学校教育工作者的共同职责。基于这一认知前提，为针对性提升教师群体对于校园欺凌防控工作的认识水平与应对能力，学校还需进一步在以下三方面作出努力：

（1）加强教职员工队伍的培训与管理。学校可以从理论素养和实践技能两方面入手，牢牢把握意识形态工作主导权，增强校内员工参与校园欺凌防控工作的意识与能力。学校有必要传递给每名教职成员三个基本理念：一是每个孩子的生命都需要呵护，人的生命尊严不容践踏；二是每个孩子的人格都是高贵的，人的人格不容污辱；三是每个孩子的健康都是第一位的，人的健康不容剥夺②。在观念传递的基础上，中小学还应有针对性地加强师资培训体系建设，围绕防控欺凌教育专题组织专项培训，包括组织校内教师积极参与非自身教学专业领域的、以熟悉欺凌防治的相关法律和基本方针为主旨的研修活动，以此帮助教师加深对相关政策条文的了解。还可以开展以实践性内容为主的教师欺凌应对素质培训及演习，有的放矢地提升教师在校园欺凌防控方面的理论素养和实践技能。

（2）建立完备的学校反欺凌责任机制。明确校园欺凌防控的责任分配，保证责任落实到单位、压实到个人，同时辅以考核评价的"指挥棒"，确保校园欺凌防控工作管理制度和举措落地生效。教育部《加强中小学生欺凌综合治理方案》要求将本区域学生欺凌综合治理工作情况作为考评内容，纳入文明校园创建标准，纳入相关部门负责同志年度考评，纳入校长学期和学年考评，纳入学校行政管理人员、教师、班主任及相关岗位教职工学期和学年考评。各中小学有必要切实贯彻这一考评要求，将其内化于各自学校的考评体系当中。这是在向每名校内工作者传达一种观念认知，即参与校园欺凌的综合治理是一名教育从业者的必担责任，是重要的业绩考核标准，谁也不能置身事外。

（3）实现校园欺凌防控工作常态化。学科教育与学习构成了校园生活的主体内容，因

---

① 中共中央宣传部.习近平新时代中国特色社会主义思想学习纲要[M].北京：学习出版社，2019.
② 防范学生欺凌是落实立德树人根本任务的迫切要求[EB/OL].（2017-12-28）[2021-10-21]. https://chuzhong.eol.cn/news/201712/t20171228_1577004.shtml.

此校内教师都应善于挖掘各自教学科目中的德育因素，因势利导、潜移默化，有意在日常教学中融入反欺凌的话语导向，即在常规教学活动中更多地传达对学生道德认知能力培养的关照。教师可以将反欺凌理念渗透到具体的教学环节中，如在课堂上组织多种形式的合作式学习实践，让学生在团体活动中接受集体教育，引导学生从中感知、体验、仿效榜样型人格，培养团结、真诚、和善等美好品质。学校也可以设定反欺凌活动月、定期召开相关主题的访谈会等，营造人人关注欺凌问题的校园文化。

2. 以家庭教育为基础，建立家校联动的反欺凌合作关系

家庭教育失能对校园欺凌行为的产生具有不可推卸的责任[①]。有研究发现，亲子关系与被欺凌、欺凌有着显著的负相关关系[②]。因此在防控校园问题上，学校教育要善于联合家庭教育的力量，形成合力共同预防校园欺凌事件的发生；家庭教育也应主动与学校教育进行对接，理解和配合学校的教育工作，自觉落实监护责任。

在日常生活中，家长群体需要主动学习先进的教育理念。为人父母首先应做到树立正确的价值观，给孩子灌输正确的道德意识，而非社交名利场上的低俗思想；同时，家长还应致力于营造良好的家庭教育氛围，为子女的健康成长构建更为民主、平等、和谐的家庭环境，在日常相处中注重培养孩子的同理心、移情能力和责任意识，防止过度溺爱孩子致使其形成任性、自私、以自我为中心的个性。家长们不应忽视与学校及班主任老师的交流沟通，也不应把学生的教育责任全部推给学校，孩子的成长不仅需要学校的教育和管理，更需要家教的密切配合。日常化的交流沟通可以帮助家长与老师更加真切、及时地感知到学生在心理、身体等方面出现的细微波动和变化，以便尽早介入，使尚且处于萌芽阶段的错误思想得到纠正，避免发展成严重的校园欺凌行为。

当欺凌事件发生后，家长群体应先做到认真倾听，在充分了解事件原委后作出妥善回应。通常而言，无论欺凌者还是被欺凌者，都处在一个不健康的社交生态圈中，尤其是受欺凌者，被欺凌的遭遇使他们对外界抱有更大程度的疑虑和不信任感，进而导致他们在遭遇欺凌后并不愿意向父母及老师寻求帮助，而是选择沉默承受。家长往往是孩子成长变化的最直接观察者和最了解孩子的人，也是孩子心目中最为亲近之人，故在发现自己的孩子牵扯进欺凌事件中时，家长们需要多一些耐心去引导孩子们走出封闭的心境，让其感受到来自家庭的支持力量。在当孩子们愿意敞开心扉向家长诉说自己的痛苦时，家长们还需要注意保持平和的心态和表情，以防加重子女们的焦虑情绪。在对事件经过有了详尽了解的

---

① 姚建龙. 应对校园欺凌，不宜只靠刑罚[N]. 人民日报，2016-06-14（05）.
② 凌辉，李光程，张建人，等. 小学生亲子关系与校园欺凌：自立行为的中介作用[J]. 中国临床心理学杂志，2018，26（6）：1172，1178-1181.

基础上，家长要冷静分析，妥善解决。无论情节轻重，家长都不应报以轻视的态度，否则将会使受欺凌者因得不到支持而选择回归沉默，或是使欺凌者习惯了选择粗暴的问题处置方式。

3. 以社会教育为补充，创建群策群力的反欺凌社会网络

校园欺凌治理既是中小学校的重要工作，也是社会各界的共同任务，因为它事关每一个学生的健康成长，与广大社会成员息息相关。因此，各社会职能组织都应当积极关注和解决校园欺凌问题。

首先，中小学有必要与政府部门保持沟通和相互协作。这既包括自觉服从教育行政主管部门的领导，落实相关的政策和法律规范，并接受教育行政主管部门的业务指导；也包括与当地公安机关建立起有效联系，将学校的安全预警系统纳入公安机关的治安管理系统，以此预防校园欺凌事件的发生。对于情节恶劣、后果严重的校园欺凌事件，学校应在第一时间向当地公安机关报警以寻求帮助。

其次，中小学应当加强与学校周边社区的联系，争取社区的支持。社区作为基层群众组织，往往会更为了解当地的治安环境。学校携手当地社区开展校园欺凌治理，一方面有利于及时发现、妥善处理发生在校外的校园欺凌事件；另一方面有利于净化校园周边环境，减低学生接触社会不良风气和不良人员的概率，排除安全隐患。

最后，各中小学还应尽力争取到社会有关职能部门的支持。社会文明在飞速进步，各种公益性组织不断涌现，志愿者队伍越来越庞大，其中，有一些公益性组织热衷于教育事业，关注学生安全和校园欺凌治理，中小学校应当加强与这些公益性组织的联系，充分发挥它们的优势和作用。近年来，在北京、上海等一些省市已经试行了"驻校社工"措施，这种校外专业人员的驻校服务机制在推动校园欺凌的多维治理方面取得了较好的效果。更多专业人士被吸纳到中小学校园欺凌的预防、治理、宣传工作当中，协助学校开展有关受欺凌学生的综合评估等工作，并为各中小学校园欺凌的防控问题贡献出更为专业化和特色化的行动方案。

第二章　关于中小学校园欺凌问题研究的现状分析

近年来，中小学校中的校园欺凌事件时有发生，且因为互联网传播信息的便捷和迅速，该类事件所导致的危害和后果清晰地呈现在了广大人民群众面前，从而引起了社会各界的广泛关注。校园欺凌问题关乎学生的校园生活能否正常地开展，关乎学生能否健康地成长，不容小觑。为了更加清晰和准确地探寻当前校园欺凌相关研究的热点和趋势，本章采用CiteSpace可视化分析软件对近年来有关校园欺凌的相关学术成果进行梳理和分析，以期对于中小学校园欺凌研究的现状有一个较为全面的了解和把握。

一、基于CiteSpace的研究方法概述

（一）数据来源

2016年4月28日，国务院教育督导委员会办公室发布了《关于开展校园欺凌专项治理的通知》。此后，教育部多次在相关政策文件中强调要对校园欺凌问题予以防治及监管。而学术研究也紧跟国家趋势，相关研究成果文献从2016年开始大幅增长。以应用主题"校园欺凌"或者关键词"校园欺凌"在中国知网（CNKI）中进行检索并进行逐年文献发表数量的可视化呈现，可以得到图2-1所示结果。

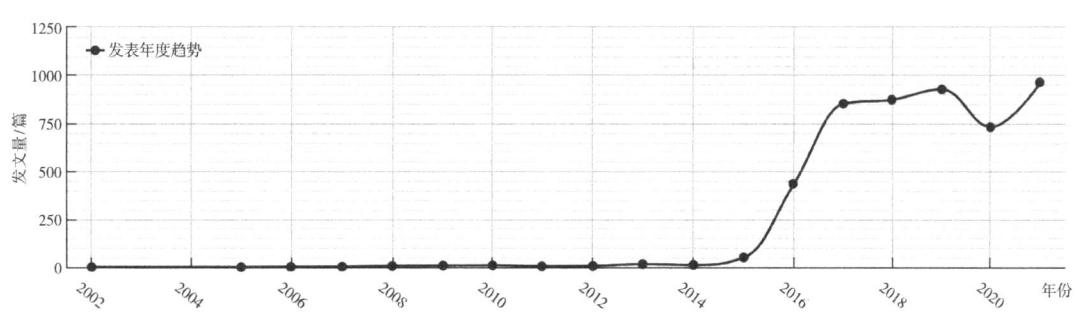

图2-1　CNKI校园欺凌相关研究发文量年度趋势

因此，本研究所采集的数据主要是2016年1月到2021年9月在知网上发表的相关论文。首先在学术期刊范围内检索，在来源类别中选择"北大核心"和"CSSCI"，共得到508条检索结果。然后在学位论文范围内检索，时间段设置同上，共得到581条检索结果。本研究所关注的是中小学校园欺凌问题，因而在筛选过程中，手动剔除了重点关注大学生校园欺凌以及校园暴力等方面的文献，一并剔除新闻报道、卷首语等无效文献后，最终得到852篇有效文献，其中学术期刊410篇，学位论文442篇。

（二）研究方法

本研究所采用的工具是可视化分析软件CiteSpace（版本为5.8.R1）。该软件基于JAVA程序语言编写并广泛应用于分析某一研究领域的研究热点及趋势。CiteSpace是利用信息可视化方法、文献计量学法和数据挖掘算法集成的基本原理，绘制可视化图谱、建立节点之间的关联来分析研究对象之间的共现关系与共引关系等[①]。应用该软件首先进行的是数据格式转换，将从CNKI中导出的852条Refworks格式的数据转化为CiteSpace可识别的数据格式。然后进行数据的计算和处理，调整相应的参数。根据已有数据情况，将Time Slicing一栏的时间跨度设置为2016—2021年，时间切片设置为一年。在Pruning一栏中勾选Pathfinder、Pruning sliced networks、Pruning the merged network三个选项进行数据的剪切和连接，以便呈现出清晰的网络结构。Term Source、Term Type、Links、Selection Criteria、Visualization几栏均保持默认选项。然后在Node Type一栏中分别选中Author、Institution和Keyword进行作者、发文机构以及关键词的可视化分析，进而根据需要生成相应的可视化图谱。

二、基于CiteSpace的研究结果分析

（一）发文作者及发文机构分析

从2016年开始，校园欺凌开始受到广泛关注，也有众多学者对其展开研究。在对已有的852篇文献进行数据处理后发现，有些学者在校园欺凌方面展开了较多的研究，表2-1呈现近几年发文量前15名的作者。

---

① 苗小燕，张冲.大中小学德育一体化研究的热点与发展趋势——基于CNKI数据库的CiteSpace分析[J].中国特殊教育，2018（8）：85-90.

表2-1 发文量前15名的作者及其发文量

序号	作者	发文量	序号	作者	发文量	序号	作者	发文量
1	张珊珊	7	6	冯帮	4	11	王祈然	3
2	张野	7	7	耿申	4	12	姚真	3
3	任海涛	5	8	宋映泉	3	13	何二林	3
4	陈奕桦	5	9	刘晓	3	14	刘旭东	3
5	张倩	4	10	吴梦雪	3	15	刘小群	3

其中学者张珊珊和张野有关于校园欺凌研究的发文量最高，均为7篇，且这7篇均为合作文章。主要是应用心理学相关理论进行分析，并用心理学的研究方法开展了具体的实验研究。其主要关注的是中学阶段的校园欺凌问题，诸如中学生的某种行为与校园欺凌问题之间的联系，校园欺凌对学生造成的各方面的影响等问题。如《新乡中学生日常暴力暴露现状及对校园欺凌的影响》目的是探讨中学生日常暴力暴露现状及其与校园欺凌的关系。该研究采用了日常暴力暴露问卷、攻击规范信念量表、青少年自我控制能力问卷和中学生校园欺凌问卷，对抽取的新乡市2所初中和3所高中的1372名中学生进行问卷调查。发文量第三的学者任海涛的主要研究方向为教育法学、法治教育，他的研究主要关注校园欺凌的治理以及相应的法律责任方面。学者陈奕桦的主要关注点在残疾学生的校园欺凌问题。学者冯帮主要进行的是国内外校园欺凌相关政策文件的分析与解读。北京教育科学研究院的学者耿申主要是从宏观层面对校园欺凌相关问题展开论述。

通过对上述作者的分析可以得知，每位学者基本都有自己专注和擅长的领域，既有专注实证研究的，也有采用理论研究的，学者群体的学科背景也较为多样，涵盖了心理学、教育学以及法学等学科。可见，当下校园欺凌研究的学者群体中学科范围分布较为广泛，研究方法较为多样。

通过对文献作者进行数据处理，可得到节点数为190、连线数为85的作者共现网络图谱。为清晰呈现典型性的网络关系，图2-2中所示节点选取的是发文量大于等于2篇的作者。而作者名字的字体越大，说明发文量越多。连线则为作者的合作关系，连线的颜色代表合作的年份，颜色越深，年份越早。该网络图谱的密度为0.0047，密度较低。大多为独立节点，连线较少，整体节点较为分散。图中可以看到几块形成连线网络的区域，其中同表2-1中相同的两位发文量最多的作者即学者张珊珊与学者张野联系紧密，形成了校园欺凌研究的重要合作网络。除此之外，学者杨维、姜小庆、谢飞等几人形成了一个连线多而密的小网络，这几人同属于南昌大学公共卫生学院（江西省预防医学重点实验室），共同产出了相应的学术成果。这样连线较为紧密的小网络在图中存在三个，也说明在校园欺凌研究方面，4人及以上的小团队也是较为有效产出学术成果的组织。其他有一条或两条连线的合作关系，大多为处于相同机构学者的合作文章，而非固定的研究团队。整体来看，合作作者网络较为分散，展开校园欺凌相关研究的学者合作较少且不够紧密。因而，未来相关学者群体可以加强合作，共同推进校园欺凌问题的相关研究进展。

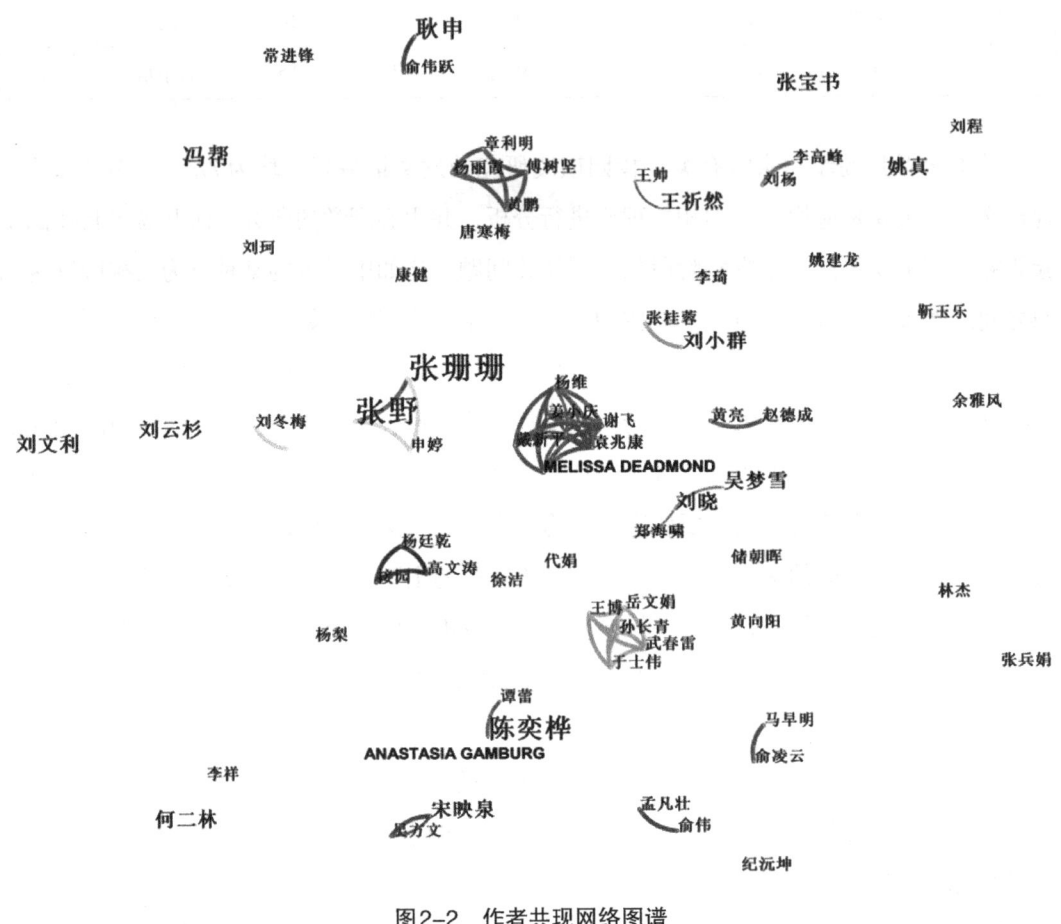

图2-2　作者共现网络图谱

在发文机构方面，其中发文量最多的是北京师范大学教育学部和沈阳师范大学教育科学学院。纵观前15名的机构发现，教育学相关学院和机构占比最多，而法学、社会学等其他相关机构相对较少。可见，相关学科需要进一步加强对这一问题的研究和重视。在对发文机构的合作网络进行分析时，合作网络连线数为0，说明这些机构间缺乏合作。对比上述合作作者网络来看，该研究的合作关系主要是同机构作者或是学术团队间的合作，不同机构的作者之间合作较少，整体来说较为分散，还未形成具有代表性和凝聚力的科研学术群体。发文量前15名的高产机构及其发文量，如表2-2所示。

表2-2　排名前15名的发文机构及其发文量

序号	发文机构	发文量
1	北京师范大学教育学部	8
2	沈阳师范大学教育科学学院	8
3	东北师范大学教育学部	6
4	华东师范大学教育学部	5
5	中国教育科学研究院	4
6	北京师范大学国际与比较教育研究院	4
7	上海社会科学院社会学研究所	3
8	华东师范大学法学院	3
9	华中师范大学教育学院	3
10	上海师范大学国际与比较教育研究院	3
11	首都师范大学教育学院	3
12	中南大学公共管理学院	3
13	浙江工业大学教育科学与技术学院	3
14	湖北师范大学教育科学学院	3
15	北京大学中国教育财政科学研究所	3

（二）研究现状及趋势分析

1. 整体研究态势平稳

校园欺凌的有关研究在2016年开始大幅增长。通过考察2016年1月至2021年9月的文献数量情况，可以得到近几年来校园欺凌研究的走势。图2-3为本研究所选取842篇文献数据统计情况，其中学术期刊选取范围是中文社会科学引文索引和北大中文核心期刊目录所收录的文章。总的来看，从2016年开始呈现递增趋势，整体的文献数量在2018年和2019年达到顶峰，2021年所含文献数量不完全，因而总体数量还会有所增长。

分类来看，学术期刊从2017年开始整体趋势较为平稳，关注度没有走低，未来校园欺凌研究还有诸多可探究之处。同时可以发现学术期刊的文章更早地捕捉到了研究的前沿热点，因此在2016年，学术期刊所占比重远超于学位论文。而之后，随着校园欺凌相关研究的增多和深入，学位论文数量也逐渐增多，尤其是在2019年达到了130篇，而同年高质量的期刊文献仅有70篇。可见，经过几年的研究推进，校园欺凌的相关研究在逐渐增多。

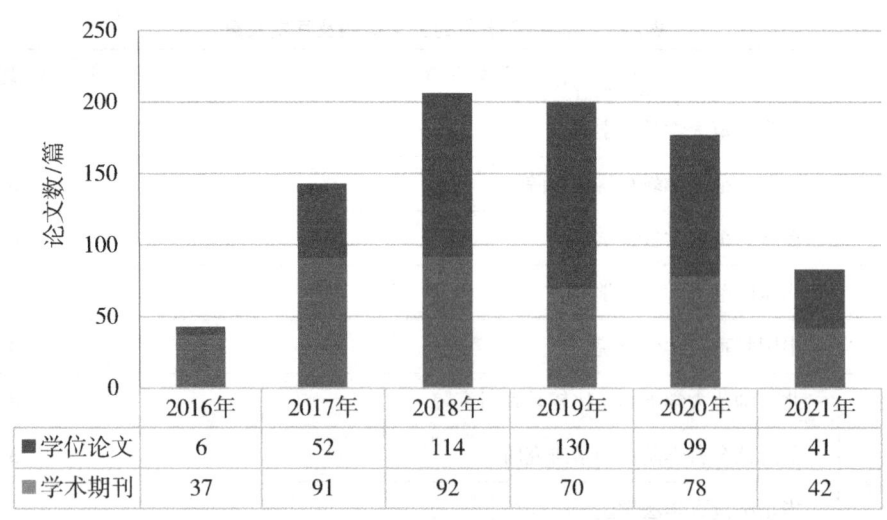

图2-3 2016—2021年间发文量年度趋势

整体趋势虽有轻微下滑，但这并不影响未来研究的平稳态势。当下我国校园欺凌现象仍旧存在，校园欺凌问题的解决仍需更好的措施，这些都亟须学术界和有关部门作出努力。随着国家关于教育方面的大政方针的出台，校园欺凌问题可能也会有所变化，而研究也要跟紧变化，产出有助于解决实际问题的学术成果。

2. 研究主题日益多元化

CiteSpace提供了三种可视化方式的选择，其中聚类视图（cluster）侧重于体现聚类间的结构特征，突出关键节点及重要连接[①]。通过CiteSpace软件对关键词进行处理，可以得到如图2-4所示的节点数为326、连线数为362、密度为0.0068的关键词共现聚类图谱。从该图谱中可以清晰地看到各个关键词之间的网络关系。在该图中，圆形表示关键词节点，圆越大说明对应的关键词出现的频次越高。圆形节点呈年轮状，其中不同颜色代表关键词出现的不同年份，颜色越深，年份越早。而年轮厚度则代表对应关键词在该年份中出现的频次多少。图中的连线代表不同关键词之间的联系，连线颜色同样代表年份，与年轮颜色表意相同。图中所示节点和连线众多，较大的节点有"校园欺凌""校园暴力""初中生""网络欺凌""欺凌者""欺凌行为"等，每个节点周围还有连线连接着其他小节点，代表关键词之间的联系。比如"欺凌者"周围还连接着"中小学生""被欺凌者""青少年""回归分析"等关键词节点。如学者金绪泽与刘慧仿在《校园欺凌中旁观者的角色差

---

① 陈悦，陈超美，刘则渊，等.CiteSpace知识图谱的方法论功能[J].科学学研究，2015（2）：242-253.

异及其应对策略》①中就对不同角色的旁观者对欺凌事态进展所起的作用进行了研究。该文献涉及了欺凌者、被欺凌者、保护者等要点。在整个网络中,有326个关键词节点,每个节点都代表着一个研究点,或大或小,这说明相关研究的主题较为丰富,整体研究呈多样化趋势。

CiteSpace依据网络结构和聚类的清晰度,提供了模块值(Q值)和平均轮廓值(S值)两个指标,它可以作为我们评判图谱绘制效果的一个依据。一般而言,Q值一般在$[0,1]$区间内,$Q>0.3$就意味着划分出来的社团结构是显著的,当S值在0.7时,聚类是高效率且令人信服的,若在0.5以上,聚类一般认为是合理的②。图2-4中的平均轮廓值为0.9806,聚类结果信度较高;模块值为0.846,聚类结构显著,模块化程度高。虽然存在相互的联系和交叉,但是整体仍呈现多元化趋势,校园欺凌相关研究的诸多方面都受到了学者的关注。

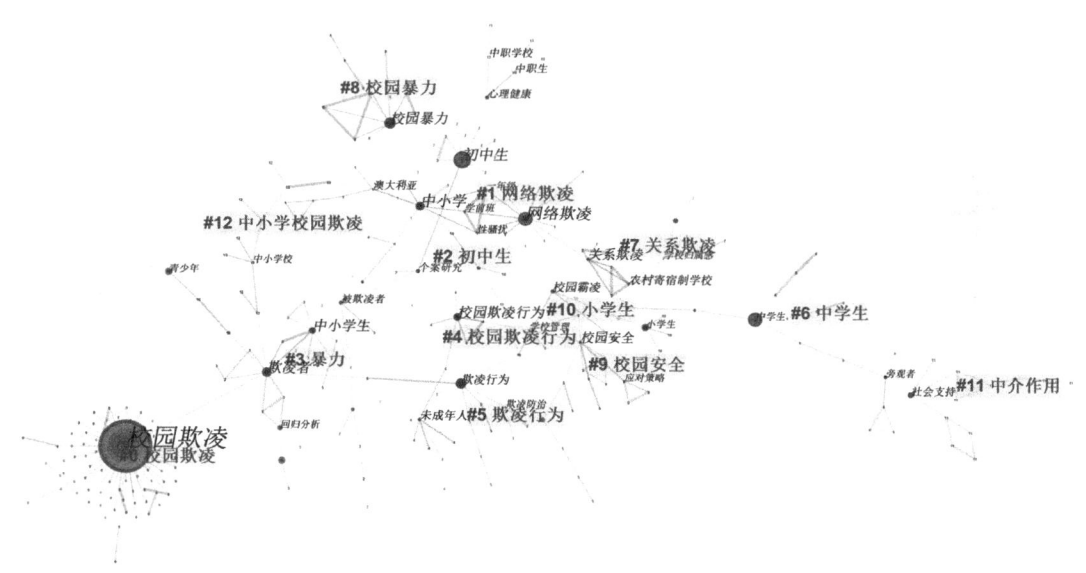

图2-4 关键词共现聚类图谱

时间线视图(timeline)侧重于勾画聚类之间的关系和某个聚类中文献的历史跨度③。用CiteSpace软件进行处理,得到了如图2-5所示的关键词聚类时间线图谱,图谱中呈现了排名靠前的13个聚类的情况。这些聚类呈现的是校园欺凌研究的热点话题,从图中能看到每个热点所出现的时间和持续的时间跨度。"校园欺凌"作为核心关键词的聚类,热度一直不曾消减,围绕于此的研究一直在延续中。而"网络欺凌""暴力""校园欺凌行为""欺凌行为""关系欺凌"几个聚类也同样如此,从2016年至今仍是热议的主题。虽然这些热

---

① 金绪泽,刘慧仿.校园欺凌中旁观者的角色差异及其应对策略[J].河南师范大学学报(哲学社会科学版),2018(3):151-156.
②③ 陈悦,陈超美,刘则渊,等.CiteSpace知识图谱的方法论功能[J].科学学研究,2015(2):242-253.

点的研究已经持续多年，但是研究的主题并没有不停重复，而是不断从新的视角出发，不断探究新的内容。比如"欺凌行为"这一聚类，最初偏向于行为界定、原因探寻和对策分析，如学者林进材的《校园欺凌行为的类型与形成及因应策略之探析》[1]、学者李明达的《自我认同视角下校园欺凌行为成因及对策研究》[2]。之后则是尝试应用心理学和社会学相关理论和方法展开的研究，如学者杜媛、毛亚庆、杨传利的《社会情感学习对学生欺凌行为的预防机制研究：社会情感能力的中介作用》[3]、学者王枭、陈云奔的《旁观者对校园欺凌影响及其纠偏策略——基于群体理论的分析》[4]、学者丁辉的《校园关系欺凌行为心理机制及预防研究》[5]。

研究主题、研究角度和研究内容不断更新，令校园欺凌研究呈现出了多元化的趋势。学者们为校园欺凌研究不断注入新鲜的血液，不断探索多样化的主题，有关校园欺凌的研究越来越向纵深推进。

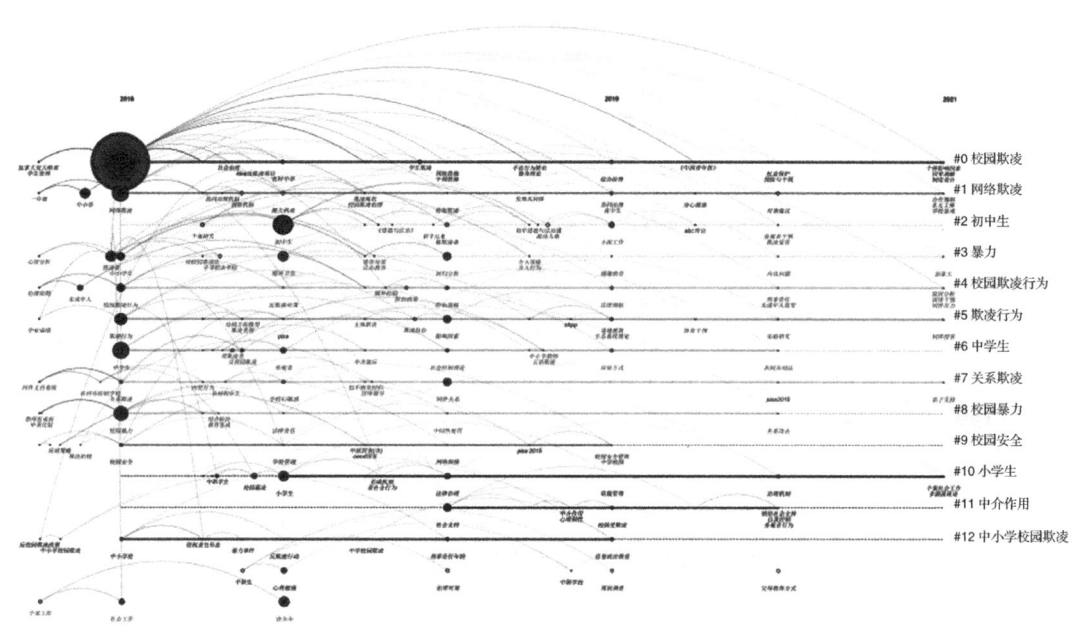

图2-5 关键词聚类时间线图谱

3. 研究热点和前沿突出

从知识理论的角度看，中心度和频次高的关键词代表着一段时间内研究者共同关注的

---

[1] 林进材.校园欺凌行为的类型与形成及因应策略之探析[J].湖南师范大学教育科学学报，2017（1）：1-6.
[2] 李明达.自我认同视角下校园欺凌行为成因及对策研究[J].当代教育科学，2017（11）：63-67，72.
[3] 杜媛，毛亚庆，杨传利.社会情感学习对学生欺凌行为的预防机制研究：社会情感能力的中介作用[J].教育科学研究，2018（12）：38-46.
[4] 王枭，陈云奔.旁观者对校园欺凌影响及其纠偏策略——基于群体理论的分析[J].学习与探索，2019（3）：44-48.
[5] 丁辉.校园关系欺凌行为心理机制及预防研究[J].学校党建与思想教育，2021（8）：69-70.

问题,即研究热点。中心度作为衡量节点权力的大小,反映了该点在网络中的重要性。关键词的共现频次越高,节点中心度越高,说明节点在该领域愈重要①。表2-3呈现了频次排名前20的关键词。其中,"校园欺凌"作为检索词毋庸置疑出现频次最多,且中心度最高。"初中生""中学生""青少年""中小学生"等关键词作为校园欺凌涉事主体,出现的频次也较高。其次,"网络欺凌""欺凌行为""精神卫生""欺凌者"等关键词偏向更为细化的研究点,也有较高的频次。这也说明校园欺凌的研究不仅仅停留于宏观方面,其所包含的诸多方面都受到了学者的关注。在排名前20的关键词中,"校园暴力"这一词出现的频次较高,但是中心度却不高,说明该点在网络中的重要性不是很高。进一步探究可以发现,其一,很多学者对校园欺凌一词界定不清,甚至有将校园暴力和校园欺凌作为同义词使用的情况;其二,一些学者主要在校园欺凌的概念界定方面展开研究,用以区分校园暴力与校园欺凌,故造成了"校园暴力"这一关键词频次较高的情况,如学者任海涛的《"校园欺凌"的概念界定及其法律责任》②一文就提出清晰厘定校园欺凌概念是有效防治该现象的必要前提。

表2-3 频次排名前20的关键词

序号	关键词	频次	中心度	序号	关键词	频次	中心度
1	校园欺凌	595	0.8	11	小学生	18	0.03
2	初中生	54	0.22	12	欺凌者	17	0.93
3	校园暴力	38	0.13	13	校园欺凌行为	17	0.47
4	中学生	37	0.26	14	社会工作	13	0.08
5	网络欺凌	33	0.22	15	同伴关系	13	0.01
6	欺凌行为	28	0.24	16	校园霸凌	12	0.16
7	精神卫生	25	0.01	17	影响因素	11	0.06
8	青少年	23	0.03	18	社会支持	11	0.12
9	中小学	19	0.37	19	心理健康	11	0.1
10	中小学生	19	0.28	20	小组工作	10	0.04

运行CiteSpace中的Burstness功能,进一步处理关键词,可以得到如图2-6所示的关键词突现图。图中列出了14个突现词,并标明了其出现和结束的年份。突现词是指在某一段时间内被引频次突然增多的关键词,可以反映对应时间段的研究热点和前沿。

---

① 王娟,陈世超,王林丽,等.基于CiteSpace的教育大数据研究热点与趋势分析[J].现代教育技术,2016(2):5-13.
② 任海涛."校园欺凌"的概念界定及其法律责任[J].华东师范大学学报(教育科学版),2017(2):43-50.

Top 14 Keywords with the Strongest Citation Bursts

Keywords	Strength	Begin	End	2016—2021
校园暴力	4.95	2016	2017	
中小学校	2.5	2016	2017	
中小学	2.43	2016	2017	
欺凌者	2.21	2016	2017	
反校园欺凌政策	1.37	2016	2017	
农村寄宿制学校	1.13	2016	2017	
关系欺凌	1.12	2016	2018	
反校园欺凌	1.47	2017	2018	
澳大利亚	1.47	2017	2018	
治理对策	1.07	2018	2019	
小组工作	2.38	2019	2021	
思想政治教育	1.18	2019	2021	
法律规制	1.18	2019	2021	
应对方式	1.15	2019	2021	

图2-6 关键词突现图

"校园暴力"一词于2016年开始突现，2017年结束，说明校园暴力是这一阶段的研究热点。但是校园暴力并不等同于校园欺凌。另外，"校园暴力"一词的突现时间只有一年，热度并不持久，这也从侧面证明了上文所述的两点原因。除此之外，2016—2017年的突现词还有"中小学校""中小学""欺凌者""反校园欺凌政策""农村寄宿制学校"，从这些突现词可以看到研究热点在关注涉事主体相关方面，包括主体的人和外在的环境影响。同时，2016年国务院教育督导委员会办公室发布了《关于开展校园欺凌专项治理的通知》以及后续的一系列政策文件，作为研究的一个关键转折点，相关的反校园欺凌政策也出现在研究热点之列。

"关系欺凌"的突现时间段位于2016—2018年，有两年时间都是研究的热点。关系欺凌属于校园欺凌的一种类别，对于这一问题以及校园欺凌不同类别特征的探讨也是校园欺凌研究中备受关注的热点。2017—2019年的突现词有"反校园欺凌""澳大利亚""治理对策"。从这一组突现词中可以看到研究热点的转变，从研究校园欺凌问题本身以及相关的因素到关注校园欺凌问题的治理对策。研究不仅仅要有学术价值，也要为现实提供指导。校园欺凌治理的相关问题已是当下亟待解决的问题，因而这一时期众多学者关注。"澳大利亚"这一突现词的出现，意味着众多学者开始研究国外校园欺凌治理相关的经验，借此得到启发，为我国的情况提供经验借鉴。除了澳大利亚，美国、英国、芬兰、日本等国家都是借鉴研究的热门国家。

2019—2021年的突现词有"小组工作""思想政治教育""法律规制""应对方式"。以上这几个突现词的突现时间都延续到了2021年，也即代表了当下校园欺凌研究的前沿，因此在未来一段时间内，其可能也是研究的热点和重点。其中"小组工作"是社会工作的基本方法之一，很多学者在探讨将其用于校园欺凌问题的解决。如刘婷艺在其硕士学位论文《小组工作介入初中生校园欺凌问题研究》①中就综合运用了与校园欺凌治理研究相关的社会工作理论和实践方法，分析造成欺凌的各项因素，并以社会学习理论、认知行为理论、小组动力学理论等为依托，选择对象进行小组介入，以寻求解决学校中欺凌问题的一系列专业方法。"思想政治教育"这一关键词的突现，代表着思想政治教育与校园欺凌研究的结合已成为热点。近几年，随着国家对于思想政治教育的日益重视，各学科领域都在尝试融入思想政治教育的元素，有关校园欺凌的研究也是如此，如丁艳的硕士学位论文《思政教育在预防中学校园欺凌事件中的作用及其实现研究》②。上述两个突现词体现了当下的研究前沿是应用多学科的视角来研究校园欺凌问题，并紧跟国家教育政策的趋势。学者们在学术研究方面不断下苦功的同时，也适时根据我国的国情和特色，不断探寻适合我国的校园欺凌问题解决之路。而"法律规制"和"应对方式"两个突现词也同样顺应上述思路，当下关注的重点方向是要逐渐探索打造符合我国国情的更加完善的法律规制，以及更加高效的校园欺凌问题应对方式和治理体系。

（三）研究的热点主题分析

从上文CiteSpace的可视化图谱分析中，我们可以认识到校园欺凌相关研究的现状和整体发展趋势，而对于具体内容的探究，热点众多。本文借助了CiteSpace生成的自动聚类标签视图和依据不同算法得出的聚类标签来协助筛选。自动聚类标签视图是在默认视图基础上，用谱聚类算法生成知识聚类，然后用算法从引用聚类的相关施引文献中提取标签词，以此表征对应于一定知识基础研究前沿③。由于得到的聚类标签有一定的重合性，因此通过对得到的聚类标签进行整理、筛选和合并，最终从聚类标签中提取出三方面热点主题进行分析，用以呈现近几年校园欺凌研究的整体概况。

1. 关注校园欺凌类型方面的变化

总的来说，我国在有关校园欺凌方面研究的历程相对短暂，致使国内对于校园欺凌这一问题在研究视野上还存在一些尚未探明的荫蔽之处。例如，针对某一具体类型的校园欺凌，展开从原因到治理、体系化的深度研究方面，恰是过去很长一段时间里在校园欺凌研究领域中相对薄弱的一环。近年来，业内有学者逐渐意识到这一问题，而从大数据的分析上看，学界对该部分内容的关注度呈现出突出且明显的上升，并表现为主要围绕校园欺

---

① 刘婷艺.小组工作介入初中生校园欺凌问题研究[D].保定：河北大学，2020.
② 丁艳.思政教育在预防中学校园欺凌事件中的作用及其实现研究[D].绵阳：西南科技大学，2019.
③ 陈悦，陈超美，胡志刚，等.引文空间分析原理与应用：CiteSpace实用指南[M].北京：科学出版社，2014：15，65，76.

凌类型、形式、手段等问题的探讨。就CiteSpace软件的分析结果来看，其中，"网络欺凌"主题下的文献产出数量上有所增加；"关系欺凌"则是随着近年来整个学术界对于校园问题关注度的总体上升，而从过去较长一段时期内的缺位状态，隐约呈现出一股后来居上的态势，晋升成为该主题下的另一热词。

在网络欺凌方面，当前较多的研究成果集中在对网络欺凌的成因以及如何及早预防的探讨。在对产生原因的探析上，学者孙时进与邓士昌[①]引用攻击模型，指出网络环境中存在的恶意言语攻击、相互沟通不和谐、使用语言不文明等情况是造成网络欺凌的可能原因，同时因为青少年心理发育不完善，处于青春期的他们具有强烈的逆反情绪，在现实中思想被压抑的他们极有可能将情绪转移到网络环境中释放，在这个环境中，他们也很容易成为网络欺凌的欺凌者或者受害者。高中建、杨月[②]站在社会学角度认为，是同辈效应和标签效应的作用使得青少年群体中容易发生网络欺凌。学者何丹[③]研究后提出，网络欺凌的发生主要是因为青少年思想不成熟，未形成成熟的道德价值观。与传统的欺凌行为一样，个体年龄与性别也是网络欺凌行为的重要预测因素。在关于预防网络欺凌的路径研究方面，学者程莹[④]认为，学生作为网络欺凌事件发生的主体，可以从教育学生的角度出发去治理网络欺凌，改善网络环境。利用共青团屏障作用，自上而下教育学生，规范他们的言行，通过团组织引导和帮助学生，保证他们能健康成长。南京师范大学冯建军[⑤]教授在预防网络欺凌方面主要提出，学校需要加强预防网络欺凌教育、网络安全教育、网络责任教育、网络素养教育以及生命教育、同情心教育和心理教育等。学者周梦婷[⑥]提出网络欺凌的防治策略方面包括：人们可以多方位保护自己的邮件、朋友圈等个人账号隐私，还应把网络欺凌纳入学校的教育范畴，比如对学生进行网络的安全、技术、素养和礼仪等方面的教育。此外还应该对家长进行培训，让家长们了解网络欺凌的表现形式，学会和孩子沟通。只有这样，当孩子遭受欺凌时才会愿意告诉家长，家长也才能更好地配合学校工作。另外，社会还要出台相应的法律措施来预防和应对网络欺凌。最后，受害人可以在欺凌发生后及时告诉家长与学校，减少其身心受到的伤害。

在关系欺凌方面，当下在关系欺凌的现状、关系欺凌的影响因素、关系欺凌的治理三个方面的讨论度较高。首先有学者及有关组织针对关系欺凌的现状进行了基础性调查工

---

① 孙时进，邓士昌.青少年的网络欺凌：成因、危害及防治对策[J].现代传播（中国传媒大学学报），2016（2）：144-148.
② 高中建，杨月.青少年网络欺凌的历史回放及现实预防[J].青年发展论坛，2017（2）：60-71.
③ 何丹.青少年网络欺凌研究述评[J].中小学心理健康教育，2017（3）：4-7.
④ 程莹.校园网络欺凌治理的路径：以共青团为中心[J].现代中小学教育，2017（1）：84-86.
⑤ 冯建军.网络欺凌及其预防教育[J].教育发展研究，2018（12）：49-54.
⑥ 周梦婷，孙明娟.初中生网络欺凌实证分析及对策研究[J].法制博览，2019（17）：181-183.

作，为后续研究提供了一定的数据支持。如2016年，中国青少年研究所中心对10个省市5864名中学生进行调查，调查结果显示有接近一半的学生表示自己在校时有被欺凌的遭遇[①]。2017年《中国教育蓝皮书》发布，对北京市的12所高中、初中和小学的欺凌现象进行调查的结果表明：18.6%的学生有被同学联合起来孤立的经历，2.7%的学生几乎每天都在经历这种关系欺凌[②]。家庭经济水平较低的儿童更多遭遇欺凌，但主要体现在关系欺凌（联合孤立）上。学者李芳霞[③]对宁夏固原市310名初中生欺凌状况进行调查研究，结果显示，关系欺凌占所有欺凌形式的37.7%。黄亮[④]调查了我国四省市15岁在校学生感知到的受欺凌情况，经过加权处理，有20%左右的学生遭受过"其他学生的故意忽视"以及被"其他学生传播谣言"，学生被他人"拿走或损坏东西"以及遭受言语、关系欺凌的情况更为多见。薛玲玲等[⑤]基于调查发现，中小学生的主要欺凌方式为言语欺凌，占所调查整体对象的18.9%，其次为间接欺凌和身体欺凌，均占8.1%。在影响因素方面，台湾省学者林进材[⑥]的研究指出，受到同学欢迎、学业成绩良、有高自尊、在团体中是领导者的欺凌者，较常使用关系欺凌。陈纯槿等[⑦]基于2015青少年校园欺凌行为测量数据的分析发现，留级经历对学生遭受关系欺凌有显著影响。吴要武等[⑧]调查后得出寄宿增加了小学生遭受语言欺凌、关系欺凌和身体欺凌的可能性的结论。朱桂琴等[⑨]的调查着眼于性别因素，并得出关于男生在言语欺凌、身体欺凌、社会关系欺凌得分均高于女生的结论。在其他因素方面，胡咏梅等[⑩]的调查结果显示，师生关系对关系欺凌的影响效应相对最大，是否来自单亲家庭对中学生遭受关系欺凌存在显著差异。最后是在对于关系欺凌的应对与治理上，学者们指出了目前存在的一些问题，首先是学生、教师、家长对于关系欺凌的忽视或不重视。刘文利等[⑪]强调，为了减少关系欺凌的发生，学生自己要保持适度的自尊水平，父母

---

① 刘雨晴.初中生校园欺凌问题及治理对策研究[D].牡丹江：牡丹江师范学院，2019.
② 杨东平，杨旻，黄胜利.中国教育发展报告[M].北京：社会科学文献出版社，2017：215-229.
③ 李芳霞.学生欺凌行为状况调查及干预策略研究[J].宁夏社会科学，2017（3）：133-136.
④ 黄亮.我国15岁在校学生遭受学生欺凌的情况及影响因素——基于PISA2015我国四省市数据的分析[J].教育科学研究，2017（11）：36-42.
⑤ 薛玲玲，王纬虹，冯啸.学生欺凌重在多元防控——基于对C市中小学学生欺凌现状的调查分析[J].教育科学研究，2018（3）：24-29.
⑥ 林进材.台湾地区中小学欺凌行为及因应策略之研究[R].2016.
⑦ 陈纯槿，郅庭瑾.学生欺凌的影响因素及其长效防治机制构建——基于2015青少年学生欺凌行为测量数据的分析[J].教育发展研究，2017（20）：31-41.
⑧ 吴要武，侯海波.学生欺凌的影响与对策——来自农村寄宿制小学的证据[J].劳动经济研究，2017（6）：36-55.
⑨ 朱桂琴，陈娜，宣海宁.农村寄宿制初中生同伴关系与学生欺凌实证研究——以河南省4乡5校为例[J].教育研究与实验，2019（2）：68-76.
⑩ 胡咏梅，李佳哲.谁在受欺凌？——中学生校园欺凌影响因素研究[J].首都师范大学学报（社会科学版），2018（6）：171-185.
⑪ 刘文利，魏重政.面对校园欺凌，我们怎么做[J].人民教育，2016（11）：13-16.

要加强与孩子的交流，引导孩子自我保护，教师要公平地给予每个学生支持与关爱。王祈然等[1]在调查中发现，所有受访谈的对象中，只有2位提到了"关系上孤立和排挤"其他同学是欺凌行为，大部分访谈对象只认为"身体欺凌"和"语言欺凌"是欺凌的主要体现。

总的来说，学术界对网络欺凌、关系欺凌问题关注度的增加，本质上反映出的是当前学者在看待欺凌问题上，视角正在走向聚焦，即越来越关注到对特定群体、个体或某一具体的欺凌案例进行全面、深入的剖析。这对于密切相关理论研究与具体实践的联系、提升理论的现实指导价值具有重要意义。但整体而言，我国在此类研究方面相较国外还尚在起步阶段，理论研究还不够系统，研究速度也相对迟缓。因此，总的来说，研究成果的实操性还有待进一步加强。

2. 引用多学科视角探讨校园欺凌的成因及处置策略

跨学科的思维方式近年来在中小学校园欺凌的文献研究中屡见不鲜。从内容上看，采用这一研究思路的学者主要是从不同的学科视角出发，包括社会学、心理学、法学等，重在通过引借多学科理论，阐释校园欺凌的成因，进而提出相应的应对和防治策略。其中，从CiteSpace的数据处理情况来看，心理学与社会学是近年来学者们援引较多的两个维度。

以心理学理论为基础，章恩友等[2]推论校园欺凌有其产生的内部心理根源，依据是校园欺凌具有未受激惹性的特征，并进而提出需加强对中小学生的心理层面干预。全晓洁等[3]认为，校园欺凌是一种学生集体性的在"道德推脱"心理强化作用下的反道德行为，因而强调学校应通过针对性的道德教育来防治此类行为。胡春光[4]从心理学视角出发，建构性地提出发现、介入、引导、改变学生群体认知和交往行为的策略来实现对校园欺凌的防治。张诗雅等[5]运用积极心理学的相关理论，在关于校园欺凌与积极心理资本的研究中发现：积极心理资本（包括心理韧性）可以显著地负向预测校园欺凌。张玉晴[6]在其研究中同样站在积极心理学的角度，指出校园欺凌主要有以下三个方面的原因：缺乏积极的外界环境、缺乏积极的情绪体验和缺失积极的人格特征。

在对社会学理论的借鉴方面，学者们主要是以社会控制、社会支持、社会介入作为切入点，对校园欺凌事件的成因作出解释，并站在社会主体的立场上为校园欺凌的治理问题

---

[1] 王祈然，吴会会.教师校园欺凌认知的实然状况与应然取向[J].当代青年研究，2018（2）：116-121.
[2] 章恩友，陈胜.中小学校园欺凌现象的心理学思考[J].中国教育学刊，2016（11）：13-17.
[3] 全晓洁，靳玉乐.校园欺凌的"道德推脱"溯源及其改进策略[J].中国教育学刊，2017（11）：91-96.
[4] 胡春光.校园欺凌行为：意涵、成因及其防治策略[J].教育研究与实验，2017（1）：73-79.
[5] 张诗雅，黄甫全.校园欺凌问题的调查研究[J].全球教育展望，2017，46（3）：103-117.
[6] 张玉晴.积极心理学视域下校园欺凌成因及对策探析[J].当代教育论坛，2018（1）：55-62.

建言献策。例如，邹红军等[①]从社会控制论的角度解释了校园欺凌事件的产生是由欺凌时空结构管控作用、对欺凌行为结果的控制刚度以及监控致密度三者的缺失或不足造成的。姜雪南[②]在研究中主张建立全方位校园欺凌干预体系的同时也要加快建设学校社会工作评估体系，在评估中为了保证结果的信度，建议引进第三方机构和多领域内的专家、学者共同参与测评。香港社工督导梁建雄[③]在实务经历中，总结出一套社工介入的经验，在处理校园欺凌问题中推行集体教育和个案辅导相结合的方式。他认为，社工可以采取个别化的原则对旁观者分别介入，运用同理心训练，将欺凌事件涉事成员心中对罪责的担心和原有的道德与同情引导出来，以此鼓励他们脱离做出错误行为的团体。林晓君[④]也认为，社工在解决校园欺凌问题上发挥了更多的支持和促进作用。一方面，社工可利用自己的专业技能、理论知识，帮助学校建立和完善校园欺凌预防、干预、后期处理的系统；另一方面，社工可制定专业工作方案，针对不同的校园工作人群，开展不同的服务，提高预防欺凌的意识，从根源上预防校园欺凌行为的发生。

综上，当前关于校园欺凌的研究，基于教育学、心理学、社会学、法学研究视角的相关文献成果较多。对于校园欺凌的成因以及特征，各个领域的学者都通过自己的专业学科知识进行理论分析，相关文献也为校园欺凌的研究提供了大量的理论说明和借鉴，为后续研究者综合介入研究校园欺凌问题提供了帮助。

3. 探索构建校园欺凌的法治化规制路径

自2016年我国首部以"校园欺凌"命名的官方法律指导文件出台后，有关构建校园欺凌法治化治理路径的研究文献呈井喷之势喷涌而出。其中，学者们大多围绕校园欺凌的法律责任、现有相关法律法规的不足、法律层面政治欺凌现象的可能性与必要性，及具体适用的法制体系建设等问题展开讨论。

学者王祈然等[⑤]指出现有关于未成年人保护法的许多相关条目不仅没有真正地保护到未成年人，反而使欺凌者拥有逃脱惩罚的法律依据。因此，降低校园欺凌发生概率需要从加强立法认定工作入手，从法律层面认定欺凌者的犯罪行为是减少校园欺凌事件的途径之一。学者郭开元[⑥]认为，我国现有的法律对于校园欺凌的预防机制和处理机制的规范存

---

① 邹红军，柳海民.基于社会控制论的校园欺凌现象初探[J].教育理论与实践，2017（22）：26-29.
② 姜雪南.学校社会工作介入中小学校园欺凌问题研究[J].法制与社会，2017（35）：154-155.
③ 梁建雄.校园欺凌，社会工作的视角与介入[J].中国社会工作.2017（1）：12-13.
④ 林晓君.社工组建合作联盟，预防校园欺凌[J].中国社会工作，2017（1）：13.
⑤ 王祈然，陈曦，王帅.我国校园欺凌事件主要特征与治理对策——基于媒体文本的实证研究[J].教育学术月刊，2017（3）：46-53.
⑥ 郭开元.论校园欺凌的预防和处置机制[J].预防青少年犯罪研究，2017（6）：13-19.

在不足，在预防机制和处理机制方面没有形成统一的校园欺凌预防机制和校园欺凌处理机制，与此同时我国也没有形成严格的追责机制。为了更加有效地规制校园欺凌，就需要构建一个多元化的校园欺凌处置机制。学者任海涛、周焓、杨春磊、安杨则是从不同角度对校园欺凌中涉及的法律责任问题作出分析：任海涛[①]从欺凌者和监护人的角度出发就校园欺凌的法律责任问题提出了"中间性处罚原则"；周焓、杨春磊、安杨从学校的角度分析了校园欺凌的法律责任问题。周焓等[②]研究后指出，完善欺凌事件中学校民事责任法律制度，学校应当积极采取有效措施预防校园欺凌，健全校园欺凌民事救济赔偿制度。学者安杨[③]将校园欺凌事件中学校应承担的民事责任分为两类，即补充责任和不真正连带责任。张斌[④]认为应采取降低刑事责任年龄达到惩治欺凌行为的目的。欧阳国亮[⑤]在研究中更为全面地整合校园欺凌事件的产生缘由：法律制度不完善、家庭教养方式的不当、学校相关制度不到位、社会支持缺乏。

综上所述，我国学术界在有关校园欺凌的法律责任及法制体系建设的研究方面还相对分散，且由于我国在专门针对校园欺凌的特定性法律法规方面存在现实性的缺位问题，很大程度上致使现有的学术研究成果呈现出理论性较强而实践性偏弱的缺陷。除此之外，对具体的校园欺凌法律责任认定、追究、判罚作深入研究的理论成果较少。因此，提升研究的理论深度和实践效度，着重开展针对具体个案的深入研究，为构建科学、完善的校园欺凌法规体系提出的前瞻性思考与意见，可以作为未来学者们开展研究的努力方向。

三、校园欺凌研究评述与反思

2016年以来，有关校园欺凌研究的学术成果日渐丰富，主题类型也趋于多样。从上文对于发文作者、机构以及研究现状、趋势和热点主题的探讨，可见当下校园欺凌的研究正在不断深入，而研究的学者群体也在逐渐壮大。对以往的研究成果进行梳理和分析，不仅在于客观呈现校园欺凌这一问题的整体研究图景，更要进行总结和反思，不断深化理论研究，加强实践指导。因此，基于上文内容，可以对我国"中小学校园欺凌"这一问题的研究从整体上作出如下把握：

首先，我国学术界十分重视"校园欺凌"相关的理论研究，成果日益丰富，且内容

---

① 任海涛.校园欺凌者及监护人"中间性处罚"法律责任研究[J].教育发展研究，2018（12）：55-63.
② 周焓，杨春磊.校园欺凌中学校民事责任的承担及防范——由（2016）冀02民终2549号案件引发的思考[J].长江大学学报（社会科学版），2019（2）：62-66.
③ 安杨.校园欺凌中的学校侵权责任探究[J].中国青年社会科学，2017，36（5）：102-108.
④ 张斌.我国反校园欺凌立法问题检视[J].当代教育科学，2018（2）：79-82，96.
⑤ 欧阳国亮.校园欺凌的成因分析与防治对策[J].中小学德育，2019（3）：41-43.

体现出较强的时代性。如近年来随着数字媒体技术兴起，网络欺凌等新型欺凌事件频发，学者们也紧随其后做出针对性研究。有关网络欺凌、关系欺凌的研究虽起步较晚，但也逐渐成为公众关注的热点。但国内学术界对于校园欺凌的一些基础理论尚未形成统一的观点，学术观点的多样性虽然对于学术理论的发展具有重要意义，但实践和理论不同，实践中对于校园欺凌的界定和处理需要统一的标准，校园欺凌的基础理论对于实践中校园欺凌的界定和应对处理具有重要的意义，因此还需要对校园欺凌的基础理论进行更加深入的研究。

其次，我国学者在以跨学科的理论视角审视校园欺凌现象的发生原因，思考校园欺凌的治理路径上作出了有益尝试。纵览现有研究，其中以探讨校园欺凌与社会支持、心理健康等关系的文章较多。但就文献成果的总体情况来看，其中大部分定量研究多是停留在对校园欺凌基本情况的调查，而对于与校园欺凌发生有关的其他相关因素的定量研究相对较少。未来可以扎根不同学科领域，充分利用该学科特有的研究方法，扩大研究对象范围，争取为后续研究者综合介入研究校园欺凌问题提供更多帮助。

最后，国内当前关于校园欺凌的研究在方向上是比较广泛的，不同的学者从不同视角出发对其作出了从理论到实践的多层次剖析与探讨。但从近几年的学术成果产出来看，学者们多是站在宏观角度，整体遵循一个从多学科视角出发，探究校园欺凌事件发生的原因、影响因素，进而提出多样化的预防和干预方案的研究思路。但与此相对的，在专门针对某一特定群体、特殊行为表现乃至个案的深入调研与研究方面的文献成果则略显不足。将研究视角进一步聚焦，从微观层面上对研究对象开展深入而全面的分析，将有利于进一步开拓对于此类问题的讨论空间，在更为具象化的研究中探索和揭示校园欺凌事件背后的发生逻辑，进而生成更具针对性的处置策略，最终切实提升研究成果的理论与实践价值。也因此，本书特别选取了两所中学作为研究案例，试图深入探讨不同校园环境下的欺凌问题，开展有针对性的比较研究，以期对现有研究成果作出一定补充与增益。

第三章 中小学校园欺凌的主要理论阐释

一、中小学校园欺凌的核心概念解读

（一）校园欺凌

"欺凌"一词源自英文"bullying"，即采用霸道的方式凌辱对方。欺凌，也被称作欺负。新华字典中，欺负的"欺"具有以大欺小、以强欺弱之意。《辞海》中欺凌指以强力压迫和侮辱。美国疾病预防与控制中心（CDC）正式将欺凌解释为：欺凌是由兄弟姐妹或法定伴侣以外的人或者群体发起的攻击性行为，这一行为存在着可感知的力量不平衡，并且在多个时间重复发生或具有很高的再次发生的可能性。英国对于校园欺凌也高度重视，英国教育与技能部将以下三种情况或行为定义为"欺凌"：一是反复的、故意的或持续的意在导致伤害的行为，但不排除在某些情况下偶然发生的事件也可被看作欺凌；二是个人或群体施加的有目的的伤害行为；三是力量的不平衡使得受欺凌的个体失去抵抗[1]。

校园欺凌，主要是在校园环境中，在力量不均衡的情况下发生的以大欺小、以强凌弱，通过暴力、语言和关系上欺凌他人，对他人造成身体上或精神上痛苦的行为，并从他人的痛苦中获得愉悦和成就感。由于学生长期在校学习、生活，容易产生摩擦和冲突。因此需要厘清校园欺凌与冲突、玩笑的区别，防控校园欺凌才能做到有的放矢。冲突是发生在摩擦之后而演变成的，由吵闹升级到大打出手，这种情况一般是双方力量均等的情况下，即被打的一方有应对冲突的还手能力。这种冲突来得快去得也快，身心伤害很快便能治愈。而校园欺凌，一般而言有四个要素：首先，发生在学生之间，以校园为背景，强势一方对弱势一方持续反复的伤害行为；其次，欺凌者是恶意为之，即带有目的性地故意为之；再次，主要通过肢体、言语或关系孤立，让欺凌者觉得自己孤单一人，被边缘化；最后，校园欺凌会对被欺凌者的身心，特别是心理造成巨大的伤害、恐慌和阴影。

我国学者刘建[2]指出，概观中国大陆地区关于学生欺凌的政策与研究，无论是官方解

---

[1] 王祥.中小学校园欺凌防治探究[D].南京：南京师范大学，2018.
[2] 刘建.我国中小学校学生欺凌行为及其治理[J].南京师大学报（社会科学版），2017（1）：75-84.

释,还是学者的界定,基本上与国际上关于欺凌的内涵保持一致。新斌等[①]指出,学生欺凌就是指发生在学生间的以大欺小、以多欺少或恃强凌弱的持续反复的故意性侵犯行为。孟小妹[②]的研究指出,校园欺凌指以直接或间接的方式故意伤害他人的身体、心理、物品、权益等,引起他人痛苦、厌恶等反应的行为。在此,笔者拟将校园欺凌界定为:发生在校园内,在双方力量不均衡的情况下,一方蓄意地单次或多次通过肢体、语言或关系等方式对另一方施加持续、反复的伤害,旨在造成另一方身体或精神感到痛苦的行为,包括但不限于拳脚相加、打骂、造谣、诽谤、孤立他人、抢夺钱财、收保护费、强迫他人为其做不愿做的事情、用纸条传递带有威吓信息的行为等。

(二) 中小学生欺凌

2017年,教育部等十一部门在《加强中小学生欺凌综合治理方案》中明确指出,中小学生欺凌是发生在校园(包括中小学校和中等职业学校)内外、学生之间,一方(个体或群体)单次或多次蓄意或恶意通过肢体、语言及网络等手段实施欺负、侮辱,造成另一方(个体或群体)身体伤害、财产损失或精神损害等的事件[③]。这是我国政府首次明确界定学生欺凌这一概念的内涵和外延,具体界定了学生欺凌的主体、范围、构成要素。学生欺凌概念的清晰界定,对于在中小学教育实践中,如何判定什么情况下学生之间的行为是学生欺凌、什么情况下不是学生欺凌提供了明确的权威判定标准,有利于全社会理解和认识学生欺凌的本质特征,有利于相关人员和组织防治学生欺凌现象[④]。

除了政策实践层面的界定外,学术层面中,部分学者在进行校园欺凌的概念界定时,明确将主体设定在了中小学阶段。如学者王大伟也强调了中小学这一范围以及中小学生这一涉事主体,他认为校园欺凌不是法律概念,是一种存在于中小学的社会丑恶现象,多指中小学生之间的欺负、霸道和攻击行为,也包括教职员工与校外人员对学生的侵害。侵害包括显性的攻击和隐性的伤害,也包括肉体的侵害和精神心理的伤害。通常是一人或多人为加害方,向单独个体被害方所实施的攻击性行为[⑤]。除此之外,一些实证调查也显示,中小学阶段是校园欺凌极其高发阶段。因而相关研究显示,校园欺凌主要集中在中小学阶段,较少涉及高等教育和职业教育阶段。

---

① 新斌,罗建河.国外中小学校园欺侮行为的防治策略[J].现代中小学教育,2014(3):115-118.
② 孟小妹.我国农村中学校园欺凌现象调查[J].科技经济导刊,2016(31):162.
③ 教育部.教育部等十一部门联合印发《加强中小学生欺凌综合治理方案》[EB/OL].(2017-12-27)[2018-04-28]. http://www.moe.gov.cn/jyb_xwfb/xw_fbh/moe_2069/xwfbh_2017n/xwfb_20171227/Sfcl/201712/t20171227_322964.html.
④ 王祥.中小学校园欺凌防治探究[D].南京:南京师范大学,2018.
⑤ 王大伟.校园欺凌:问题与对策[M].北京:中国国际广播出版社,2017:2.

在名词界定上，通过我国已有研究可以发现，很多学术界和教育实践领域所提到的校园欺凌和学生欺凌两个概念，其所指称的内涵特征基本上是一致的。因而，我们可以将学生欺凌和校园欺凌等同来看。中小学生欺凌强调在中小学阶段、发生在中小学校园内外、中小学生之间的欺凌行为。

（三）欺凌者、被欺凌者与旁观者

在中小学校园欺凌事件中，涉事主体是学生，不同学生扮演着不同的角色，施加欺凌行为者为欺凌者，承受欺凌行为者为被欺凌者，而在欺凌事件发生时，很多情况下又有第三方旁观者在场，这部分学生也是影响欺凌行为的一部分因素。

欺凌者是指在校园欺凌事件中，对其他学生无故施加欺凌行为的学生，他们通过殴打、辱骂、造谣、孤立等违背他人意愿，对他人造成痛苦及伤害。有问卷调查显示，脾气暴躁蛮横的学生和平时喜欢拉帮结派的学生，容易成为欺凌者[1]。

被欺凌者是指在校园欺凌事件中，无故受到他人欺凌，从而产生身体上或者心理上的伤害的人群。他们在欺凌事件中往往没有任何过错，但可能由于自身的性格等原因受到欺凌。一般而言，欺凌者与被欺凌者的力量差距非常悬殊，一方处于强势碾压另一方的态势，让被欺凌者在这种长期的、持续的伤害中，渐渐失去抵抗的力量，同时身心遭受巨大的痛苦，不利于人格的健康发展。

旁观者指在欺凌事件发生时，除欺凌者以及被欺凌者两个主体外，周围环境中注意到欺凌行为的人群。在一个集体当中，一旦发生欺凌事件，就会产生一种氛围，即欺凌的空气。当所有的人在欺凌一个人的时候，你不参与，你就会成为异类，成为对立面，也有可能成为被欺凌的对象。所以集体里所有的人都会尽量保证自己和集体的步调一致，争先恐后地去欺凌[2]。这一类旁观者可以说是助威者，同样会对被欺凌者产生伤害。除此之外，还有部分学生会去勇敢地阻止欺凌者实施欺凌。他们的正义行为可以让欺凌行为得到中止或是停止，能给予受欺凌者关爱和支撑，从而减轻欺凌行为的伤害。这一类旁观者可以说是抵制者，这是学校反校园欺凌教育中应该树立的典型榜样。当然还有部分学生会采取漠视的态度，不采取任何行动，这一类可以说是漠视者。

文行至此，我们亦可在校园欺凌与校园暴力之间作出一个简单的区分。首先，一般而言校园欺凌与校园暴力二者在某种程度上来说同属于攻击性行为。但在攻击性的外化上，校园暴力的主要表现为身体、力量上的直接攻击，而校园欺凌在方式上相较而言具有更加

---

[1] 孟小妹. 我国农村中学校园欺凌现象调查 [J]. 科技经济导刊, 2016（31）: 162.
[2] 刘皓颖. 中小学校园欺凌问题及其对策研究 [D]. 桂林: 广西师范大学, 2017.

复杂化、多样化的特点，即往往既有直接见于身体伤害的显性欺凌行为，也有通过排斥、孤立、辱骂等手段所施加的隐性欺凌行为。其次，从发生对象上看，参与校园暴力事件的主体范围比校园欺凌事件的涉事主体范围会更广一些，前者的参与人员具有不固定性，而校园欺凌通常主要发生在学生群体当中，且受欺凌的对象具有固定性。再次，从发生的频率来看，校园暴力的发生具有一定的偶然性，而校园欺凌的发生则是较为频繁，具有长期性特点。最后，从二者产生的结果看，校园欺凌带来的是隐性的心理和精神上的伤害，并且这种伤害具有潜伏性，会对受害者以后的生活造成心理阴影。而校园暴力带来的伤害更多表现在身体和物质上，也更易上升至犯罪层次。

二、中小学校园欺凌的主要特征、主要形式及关键主体

（一）校园欺凌行为的主要特征

1. 隐蔽性

隐蔽性是校园欺凌行为的突出特征之一，是其与校园暴力等相近恶性事件相区分的主要参考维度。校园欺凌行为的隐蔽性主要表现在欺凌的行为、方式，以及欺凌双方的关系和所致后果这四个方面。

首先，欺凌发生的时间和地点具有隐蔽性。大部分欺凌者都选择在家长和教师的视线范围之外进行欺凌行为。据相关研究统计，上下学时间段和课余活动时间最容易发生欺凌行为。欺凌者一般会选择在楼梯、厕所、校园僻静的场所、操场的角落等地方实施欺凌，这些地方大多是教师不在场的情况。

其次，欺凌方式具有一定的隐蔽性。欺凌有直接欺凌和间接欺凌，直接欺凌是欺凌者以肢体欺凌和言语欺凌的方式直接对被欺凌者造成身体伤害或精神痛苦的行为；间接欺凌是欺凌者通过借助第三方的力量，比如联合他人通过孤立、造谣等方式，间接伤害被欺凌者，造成其精神痛苦的行为，也称为关系欺凌。在这几种欺凌形式中，除了特别恶劣的身体欺凌会在被欺凌者身体上留下伤痕外，一般来说，言语欺凌和关系欺凌非常难被发现，因为言语欺凌和关系欺凌大多不会留下"可见"的痕迹。传播带有敌意的或攻击性的信息、讹诈被欺凌者钱财、恶意散播谣言诋毁被欺凌者，这些行为没有明显的外部表征，增加了欺凌行为的隐蔽性。

再次，欺凌双方的关系增加了欺凌的隐蔽性。欺凌者选择欺凌对象时，一般选择自己易于掌控的，这种被欺凌者具有性格内向、沉默寡言、人际关系差、家庭关系疏远等特

征。当遭受欺凌时,他们在校园交往中密切的关系使得欺凌行为和正常的同学冲突容易发生混淆,使欺凌行为难以识别①。被欺凌者在这个过程中往往通过保持沉默来减少欺凌行为对自己的伤害,但这其实是在助长欺凌者的气焰和默认自己可以被欺凌者欺凌,而且不敢反抗或告发,导致被欺凌者反反复复地遭受欺凌,这也增加了校园欺凌的隐蔽性。

最后,欺凌事件所致后果也可以有一定的隐蔽性,主要表现在短期内不易被察觉。校园欺凌与校园暴力不同,校园暴力造成的创伤显而易见,容易受到关注,且大部分的外伤短时间内也可以自愈。而校园欺凌行为对被欺凌者心理的影响深远,甚至会持续到几十年之后②。例如,陕西米脂中学的校园暴力事件,造成19名学生受伤。经过审讯,原来是罪犯在这所学校读书时曾经遭受过同学的欺负,遂记恨学生。可见校园欺凌的影响有多深。当事人当初遭受欺凌时,也是退缩、忍耐,短期内也未见明显的影响。他在当时不敢跟欺凌者抗衡,甚至多年以后依然不敢去抗衡,而是转而用极端残忍的方式去伤害比自己更弱小的人。欺凌问题不似交通事故、溺水、冲突等情况,事件一发生立刻就能知道严重程度,可以立刻采取防范措施。由于力量的不均等,被欺凌者既不敢向老师或同学求助,也不敢跟欺凌者对抗,只能压抑自己心中不满、委屈和愤怒的情绪,表面上看似平静,短期内一般也未见明显的异常状况,往往导致被忽视,这在一定程度上加大了欺凌的发现和治理难度。

2. 反复性

校园欺凌是欺凌者蓄意地、反复地发生伤害被欺凌者的行为。同学之间偶尔的玩笑和打闹属于正常的现象,但欺凌行为常常是蓄意地、有针对性地进行。这种欺凌行为一旦发生,若得不到及时有效的制止,通常便会反复出现。持续反复的捉弄、玩笑或辱骂让被欺凌者感到心理受到伤害后,被欺凌者若依然选择忍气吞声,欺凌者在欺凌过程中体验到快感后,受到被欺凌者忍气吞声的态度的影响,于是对自己的欺凌行为无法认知,也不能察觉自己对他人造成侵犯。欺凌者一旦认定了要欺凌的对象,会反复地对他们实施欺凌,以此来展现自己的权威和优越感。由于被欺凌者自身性格弱点和惯性思维,加上力量上不能与他们抗衡而又不知该如何求助,使得欺凌者更加肆无忌惮地实施欺凌。欺凌行为发生后,欺凌者往往通过恐吓、威胁的方式不准被欺凌者告诉给老师或其他人。欺凌者如果受到同伴的鼓励,而旁观者既没有加以制止也没有离开,被欺凌者放弃了抵抗或不敢抵抗,

---

① 宗春山.少年江湖:校园欺凌的预防和应对[M].上海:华东师范大学出版社,2018,43-44.
② 段威.校园欺凌的成因与防治——法学与社会学间的对话[J].青少年犯罪问题,2018(2):22-27.

那么欺凌就会持续发生。事后，当被欺凌者屈从，因害怕而逃避并选择忍气吞声后，他们往往就会成为欺凌者盯上的对象。倘若被告发让欺凌者受到了批评，欺凌行为便会反复出现，甚至会对被欺凌者进行更严厉的打击报复[1]。被欺凌者恐惧欺凌者的"淫威"而不敢反抗或揭发，更加导致其成为欺凌者反复实施欺凌的对象。

除此之外，教师在处置欺凌事件时若不能对欺凌者起到震慑作用，还会导致欺凌者对被欺凌者的打击报复，也会导致欺凌的反复发生。在此种情况之下，只要欺凌双方还在同一所学校，欺凌行为就不会停止，身心伤害也不会停止。被欺凌者在这种不断的伤害之中，负面情绪的积累逐渐增多，进而变得沉默寡言、郁郁寡欢和逆来顺受。然而欺凌者并不会因为被欺凌者身心受伤就停止对他们的欺凌，反而会变本加厉地反复和循环下去。

3. 悬殊性

在校园欺凌发生的事件中，欺凌事件的行为双方在体魄、体力或其他某些方面上一般会存在较为悬殊的差异。

这种"差异"通常会表现为以大欺小、以多欺少、恃强凌弱、家境好的一方欺凌家境差的一方。与此同时，在近年来媒体曝光的校园欺凌事件中，也常可见留守儿童、随迁子女等类型群体易成为欺凌者的欺凌对象，这往往是由此类儿童在获得父母的关爱、与当地同学的日常交往相处等方面在某种意义上处于弱势地位造成的。亦有相关研究表明，中学生的社会联系与校园欺凌实施行为呈负相关[2]。家庭的社会经济文化地位（economic social and cultural status，ESCS）也与中学生的校园欺凌的发生情况有关，弱势家庭背景的学生校园欺凌受害的发生率高于中等家庭背景的学生，也高于优势家庭背景的学生[3]。除此之外，这种悬殊性特征也体现在不同性别群体对于欺凌行为的形式选择上，例如男性群体往往喜欢通过肢体的力量去欺凌他人，而女性大多会采用关系孤立和言语欺凌的方式欺凌他人。

总之，欺凌者往往容易找上力量相对弱小的学生作为实施欺凌的对象，而与欺凌者之间悬殊的力量差异，也令被欺凌者从内心深处默认自己难以与欺凌者相抗衡而直接放弃了抵抗，又因惧怕欺凌者的打击报复而不敢告知他人，只能独自忍受欺凌所带来的伤害。而

---

[1] 张仁贤，李纯青，解孟林.校园欺凌的应对与预防[M].北京：世界知识出版社，2017：8.
[2] Chan H C, Chui W H. Social bonds and school bullying: a study of Macanese male adolescents on bullying perpetration and peer victimization[J]. Child and Youth Care Forum, 2013, 42（6）: 599-616.
[3] 黄亮，赵德成.家庭社会经济文化地位与学生遭受校园欺凌关系的实证研究——家长支持和教师支持的中介作用[J].教育科学，2018（1）：7-13.

欺凌者实施欺凌所获得的快感，很大一部分基于这种"悬殊性"所创造的扭曲的满足感和荣誉感。

（二）主要形式

1. 言语欺凌

言语欺凌主要是指欺凌者通过带有侮辱或使人感到沮丧、愤怒的言语恶意地攻击他人，包括造谣、诽谤、辱骂等，目的在于伤害他人自尊、损坏他人名誉，心理受到伤害的行为。它是一种软暴力，是最不容易发现的欺凌行为。言语欺凌的表现形式主要是用言语刺伤或是嘲笑、羞辱别人，可能是给别人起绰号，也可能是对别人说出威胁恐吓性语言。小学阶段言语欺凌的发生频率最高，如有些学生因为近视戴眼镜就被叫"四眼仔"或"四眼妹"，个别学生因为体形较胖就被取笑和嘲弄，甚至有些学生的名字跟某些"可笑"的字眼读音相像也会被取绰号嘲笑。此类事件虽多，但大多数传到老师那里也会被当成同学之间无意的玩笑，认为童言无忌而被忽视。其实，这对学生的心理健康发展十分不利，学生因总是处于焦虑和得不到救援的状态而感到自卑，这种心态会给心理健康埋下重大隐患。

欺凌者常常以"我只不过是开玩笑"来为自己的行为开脱，这种形式的欺凌很容易得手，可以在成人在场的情况下窃语而不被发现。欺凌的言语可以在操场上被大声喊出而融入喧嚣之中，就算是被操场上的监管者听见，也会以为是同伴之间的粗言秽语而充耳不闻。对欺凌者来说，言语欺凌的实施既迅速又于己无害，但它却能对被欺凌者造成巨大的心理伤害。反复的言语伤害会影响学生的身心健康。在言语欺凌中，说脏话、取绰号居首位[1]。例如，中国人孝字当先，对待父母长辈尤其尊敬。当自己父母的名字被无故地提起，或是自己的父母被无端地"问候"，很可能会触碰到对方的底线，很容易由言语欺凌发展成身体欺凌[2]。

2. 身体欺凌

身体欺凌指欺凌者利用和被欺凌者力量不均等的情况，采用肢体动作来实施欺凌，旨在让被欺凌者产生恐惧感，并且屈服于自己。比如踢、推、抓、撞、咬、打、扇耳光、吐口水以及敲诈勒索[3]，冷不丁地绊跟头，在别人头上敲一下，拿走或破坏他人的东西，使用管制刀具、危险物品等攻击他人，向他人扔东西等。这种通过肢体上的伤害让他人愤怒、

---

[1] 张仁贤，李纯青，解孟林.校园欺凌的应对与预防[M].北京：世界知识出版社，2017：37.
[2] 科卢梭.如何应对校园欺凌[M].肖飒，译，上海：华东师范大学出版社，2017：48-50.
[3] 同[1]：4.

尴尬而让自己感到满足、愉悦的欺凌行为会对被欺凌者的身体和心灵造成不同程度的危害，产生消极影响。被欺凌者会表现出低自尊和低自我效能感，出现更多的人际关系和身体上的问题。与未受过欺凌的学生相比，受过肢体欺凌的学生更能体验到沮丧，也更容易感到焦虑不安，严重的甚至会出现自我伤害行为。建立在别人的痛苦之上的恶作剧，都属于身体欺凌。

3. 性别欺凌

性别欺凌是指利用性别相关特点、与性有关的内容对他人实施嘲笑、侮辱、身体侵犯等欺凌行为。具体行为包括：性或身体部位的不雅玩笑、嘲笑或评论；性取向或性行为的嘲笑；散播或传递有关性的不实纸条或谣言；侵犯身体的动作[1]。在我国的传统教育中，"性"相关的内容都是羞于被提及的，学生对此非常敏感。当下在中小学教育中，性相关教育仍普遍存在不到位的现象，学生缺乏基本的知识。尤其是在青春期阶段，男生和女生的性别特征逐渐凸显，对于性的好奇和羞怯也助长了欺凌行为的发生。

4. 关系欺凌

作为最难从表面察觉的欺凌形式，关系欺凌主要指欺凌者通过向他人传播被欺凌者的谣言，无端暴露或捏造被欺凌者的隐私，煽动其他同学排斥、孤立被欺凌者。表现为通过合伙排挤、联合歧视、互殴威胁、围殴、多对一的恶作剧、不定期的骚扰等方式，让被欺凌者被孤立，使被欺凌者觉得自己在这个世界上孤立无援，认为自己是一个多余的人，彻底被边缘化。这种欺凌比肢体欺凌更严重，它通过控制被欺凌者身边的同伴不能跟被欺凌者接触和往来，直接阻碍被欺凌者与他人之间正常的人际交往，造成被欺凌者形成孤独感、焦虑感，甚至寝食难安，否定自己，认为自己生活在世界上是一个多余的存在，从而压抑自己。刻意将一个孩子排除到群体活动和操场游戏之外也属于关系欺凌，但因为其欺凌过程不像辱骂或推打那样直接，其结果也不像淤青的眼圈和抓破的皮肤那样一目了然而常被忽视。它所造成的痛苦是具有隐藏性的，即使有人把这种痛苦明确地表达出来，欺凌者也可以轻而易举地将其驳回[2]。久而久之，让被欺凌者觉得自己是一个多余的人，身心备受煎熬，不利于成长。关系欺凌也是欺凌行为中常见却隐蔽性很强的一种方式，最容易遭此欺凌的是性格内向的女生或有智力障碍和先天残疾的学生。

---

[1] 林进材.校园欺凌行为的类型与形成及因应策略之探析[J].湖南师范大学教育科学学报，2017，16（1）：1-6.
[2] 科卢梭.如何应对校园欺凌[M].肖飒，译，上海：华东师范大学出版社，2017：52.

5. 财物欺凌

财物欺凌是指被欺凌者的财物无故被欺凌者损坏、抢走，从而受到财物方面的损失以及心理上的伤害。具体行为表现在故意拿走物品；损坏个人物品；偷窃、抢夺财物[①]等。财物欺凌与单纯的偷窃抢夺行为不同，欺凌者在抢夺、损坏他人财物时，往往针对的不是某件物品，目的也并不只是得到某件物品，而是通过抢夺、损坏他人心爱的物品，造成被欺凌者心理上的伤害和财物上的损失，从而达到欺凌的目的。

6. 网络欺凌

美国卫生与公共服务部（U. S. Department of Health & Human Services）负责运行的联邦政府网站——停止欺凌网认为，网络欺凌是使用电子技术发生的一种欺凌，工具包括手机、电脑、平板电脑等设备和器材，也包括社交媒体、短信、聊天软件、网站等通信工具，内容包括发送卑劣的短信或邮件，通过邮件或社交网站散布谣言，发布令人难堪的照片、视频、造假文件等[②]。

互联网技术的兴起以及社交媒体的普及，使得电脑及智能手机的普及越来越低龄化。很多中小学生拥有自己的电子设备，并通过网络进行社交活动。学生群体中的组织除了校园中的班级、社团等，也在网络上形成了诸多的非正式组织。而这些组织也是在网络上实施校园欺凌行为的重要载体，语言攻击、谣言传播、拉帮结派等行为非常容易在网络上实施。互联网无时间和空间限制的特点让欺凌行为可以随时进行，快速传播并无限复制，这让网络欺凌可以轻易对受欺凌者产生反复的伤害。在网络欺凌中，匿名性的特点可以让欺凌者的身份被淡化，从而更加无所畏惧，产生严重的欺凌行为。

（三）关键主体

1. 学校是校园欺凌的主要场域

校园欺凌问题的产生是社会多方面问题在教育上的映射，而学校也是一个小社会，是校园欺凌行为发生的主要场域。正视学校在校园欺凌问题中的定位，明确其主体责任，方能制定出合理的校园欺凌防治策略。当下我国大部分中小学都没有一个专门的组织来处理校园欺凌问题，因而很多后续工作受到掣肘，无法给予被欺凌者及时有效的帮助，也很难对欺凌实施者给予应有的惩罚。学校是学生学习和生活的最主要场所，是校园欺凌事件发生的主要场域。英国谢菲尔德欺负干预方案研究指出，学校投入欺负干预的时间和精力越

[①] 王大伟. 校园欺凌问题与对策[M]. 北京：中国国际广播出版社，2017：5.
[②] 晁亚群. 美国校园欺凌的概念界定及其对学校责任的影响[J]. 世界教育信息，2017，30（20）：65-72.

多，干预的效果就越好①。因而，学校对于校园欺凌问题的干预和处理，既负有不可推卸的责任，也是能发挥效果最大化的关键主体。

在学校这个场域中，所有学生都接受着共同的行为规则制约，因而在校园欺凌事件中，学校可以自然地采取诸多措施。其一，学校要明确规范要求，严格落实到每位教师和学生身上，并成立校园欺凌事件处理工作小组，明确惩处范围。其二，做好教育、预防的相关工作，从认识上了解校园欺凌的危害，从思想道德上远离欺凌行为，帮助学生树立正确的价值观和人生观。其三，在校园欺凌事件发生中以及发生后，要做好干预、惩罚和善后工作。发生在校园中的欺凌事件，尽量利用场所优势，最大限度地减少伤害，但对于欺凌者的惩罚同样不能少。其四，利用学校这一主体优势，联合家庭、社会等各方力量，共同治理校园欺凌事件。

在学校这个场域中，反欺凌文化氛围的打造至关重要。皮埃尔·布尔迪厄认为：场域是基本性的；阶级背景、环境、语境对于个体的影响总是以场域结构为中介；一个特殊行动者的地位是其习性与他/她在地位场中的位置相互影响的结果。而在学校场域的文化熏陶中，儿童青少年以自己的方式感知和思考，以无意识的方式内化为自身的观念和行为，并很可能形成惯习。这种惯习具有抗拒变化的倾向性，在人的生命中显示出某种连续性②。因而，在反欺凌文化氛围的熏陶感染下，学生会有意识地抵制这一行为。而欺凌者在实施欺凌行为时无法得到支持并感受到他人抵抗的情绪时，也会停止其欺凌行为。据研究，在没有相关欺凌危害知识储备及反欺凌文化的校园和班级中，大多数旁观者会选择沉默，划分其与欺凌事件的边界，进而默许欺凌事件的发生③。芬兰的反校园欺凌计划就通过培养学生个体的责任意识和群体的反欺凌规范，并在确保旁观者安全的情况下，为其提供干预欺凌事件的有效路径（如求助校园安全巡视员等），进而构建反欺凌的班级氛围和文化④。

2. 教师是校园欺凌的重要防范主体

一项对陕西省8所学校的实证调研研究发现，目前，教师对于"校园欺凌"概念的整体认知存在窄化倾向，对于不同类型校园欺凌的认知存在一定差异，不同学段、学历教师对于校园欺凌的认知存在较大差异⑤。这种认知差异也会使教师不能及时以及准确地发现校

---

① 张文娟，裴丽颖，官秀丽.学校欺负干预研究综述[J].山东师范大学学报（人文社会科学版），2004（3）：25-28.
② 赵敏.学校场域是中华优秀传统文化传承的重要载体[J].教育发展研究，2017，37（Z2）：3.
③ KAUKIAINEN A, SALMIVALLI C. KiVa antibullying: program parents' guide[R]. Helsinki:Finnish Ministry of Education and Culture, 2009: 4, 10, 17.
④ 覃丽君.发挥多元主体参与的力量：芬兰中小学反校园欺凌计划的实施及启示[J].外国中小学教育，2017（9）：48-53.
⑤② 王祈然，吴会会.教师校园欺凌认知的实然状况与应然取向[J].当代青年研究，2018（2）：116-121.

园欺凌事件并采取相应的干预措施，不能有效发挥教师的应有作用。因此，要充分认识到教师是校园欺凌的重要防范主体，并重视其主体作用的发挥。

发挥教师在校园欺凌中防范主体作用，就要提升教师的各方面能力，打铁还需自身硬，自身能力够强，才能发挥出应有的作用。其一，要重视对教师开展校园欺凌相关理论知识以及政策法规学习的培训，使其在对学生进行教育引导以及处理校园欺凌问题时能做到有理有据、有法可依。其二，要重视教师道德情操的培养，倡导爱的教育。让教师以博爱的胸襟对待所有学生，让每位学生都能得到关怀，感受到爱意，得到内心的满足，从而减少欺凌行为的发生。其三，要重视教师在处理问题能力以及专业有效干预方面的锻炼。教师在学习理论知识的同时也要广泛吸收他人的实践经验，在面对问题时为己所用，在实践中注意总结经验，不断提升工作能力。

教师层面的治理是校园欺凌防治的重要组成部分，与其他部分相辅相成。为保证教师欺凌防治主体职责的归位，应通过科学严密的程序设计来规范教师认知指导下的处理行为。一是明确欺凌处理的不同阶段与侧重点，既要注重欺凌发生前的观察教育，也要重视欺凌发生中的询问核查、教育安抚与必要惩戒，更加要注意欺凌发生后的跟踪观察与长期矫正；二是成立以教师为主体的欺凌防治专业化团队，在接收到欺凌处理请求时，通过精准的认知判断立即启动介入程序，可有效避免教师因认知局限而产生的"责任稀释"现象[①]。重视教师的校园欺凌防范主体作用，则既要重视教育教学工作，也要加强治理能力和水平。从预防到处理，教师应在校园欺凌防治中起到重要作用。

3. 学生是校园欺凌的直接参与者

学生是校园欺凌的直接参与者，每位同学都可能成为校园欺凌的受害者，并且在欺凌事件发生时，不管是欺凌者、被欺凌者或是旁观者，都会受到一定程度的影响。这些影响都是校园欺凌中潜在的危害，如果不加以重视和干预，极易诱发接下来的欺凌行为。因而，从参与者入手，对校园欺凌事件中的不同角色以及潜在的角色进行有效的教育和引导，是从源头治理校园欺凌问题的重要举措。

对于任何事件或问题来说，提前预防是成本最低、效果最好的手段，校园欺凌也不例外。而在校园欺凌事件中，从直接参与者入手无疑是最佳选择。要从以下三个方面重视对于这一群体的教育工作。其一，应重视对学生进行有关法治、品德、人权、生命、性别平等、信息伦理、偏差行为防治及被害预防等内容的教育[②]。帮助学生树立正确的价值观，形

---

①② 刘旭东. 以学校为主导：台湾校园欺凌治理经验[J]. 河南师范大学学报（哲学社会科学版），2018，45（3）：143-150.

成良好的道德品质，远离欺凌行为，在遇到欺凌行为时也能依据所学知识保护自己，维护好自己的权益。其二，应组织开展校园欺凌主题相关活动。在活动中模拟实践，帮助学生加深对校园欺凌的认识，并在多样的活动中与同学进行良好的人际交往，形成和谐的班级氛围和同学关系。其三，应促使学生树立责任意识与义务意识[①]。让学生在面对已发生的校园欺凌事件时能互相帮助，不做冷漠的旁观者，减小被欺凌者受到伤害的程度。

在校园欺凌中，参与者之间的关系也影响着校园欺凌的走向。不良的同伴关系可能会诱发校园欺凌行为，尤其是关系欺凌，而良好的同伴关系则可以帮助改善和减少校园欺凌行为的发生。同伴之间可以互相帮助，排解困难情绪，也可以帮助欺凌者和被欺凌者化解冲突，获得亲社会技能和产生包容性行为。例如，有一个亲密的朋友可以有效缓冲关系欺凌的影响，在同龄人中交朋友，可以改变他们与同龄人互动的一些方式，让自己变得更加自信。此外，高度的亲密友谊和主观幸福感体验也减轻了关系受害与社会心理失调之间的联系[②]。学生间共同的价值观念、道德观念以及精神追求是学生间和谐相处的前提。信任、平等、尊重、友爱是同侪校园伦理关系和谐的必要品质，也是防范校园欺凌最有力的举措。

三、校园欺凌行为的危害分析

在校园欺凌事件中，被欺凌者所受到的伤害最大。在欺凌结束后，他们仍有极大可能会长期生活在欺凌或暴力所制造的恐惧和阴影中，他们所受到的心理创伤难以治愈，若得不到及时的疏解，甚至会影响被欺凌者未来的身心健康与性格养成，以及"三观"的建立。此外，欺凌者若没有得到及时的纠正，也会被牵引走向深渊。

（一）对于欺凌者，欺凌易使其养成负性思维方式

校园欺凌给欺凌者造成的危害是深远的。欺凌者在长期的欺凌活动中极易形成不健康的人格和负面处理问题的思维方式，进而会演化为反社会的行为倾向。有研究表明，犯罪者犯罪行为的发生与早期的学校经历有着密切的关系，那些曾经在青春期阶段被认定为欺凌者的学生，在其后续的成长过程中往往与其他脱序行为有关[③]。也就是说，欺凌者在儿童、青年阶段所表现出的欺凌思维、行为等，如果不能得到及时的矫正与引导进而使其掌

[①] 丁辉.校园关系欺凌行为心理机制及预防研究[J].学校党建与思想教育，2021（8）：69-70.
[②] 陈光辉.中小学生对欺负现象本质内涵的感知[J].心理与行为研究，2014，12（5）：639-644.
[③] OLWEUS D. Bullying at school: what we know and what we can do[M]. Oxford: Blackwell, 1993.

握新的行为模式，那么其在成年后也极有可能会持续性地出现类似行为。这样的成年人往往心理不够健全，具有反社会倾向，人际交往困难，有些人甚至将暴力和攻击性行为视为成年生活可接受的组成部分。

欺凌者大多是经常被忽视的群体，由于缺少获得关注的机会和处理负面情绪的能力，他们在日常和同学相处中因为一些摩擦，总会依仗自己身强力壮或身边同伴多而对其他同学实施欺凌。少部分的欺凌者由于没有得到物质上的满足就通过向力量弱小的人索取钱财来满足自己的物质欲望。欺凌者一旦通过这些方式获得自己的满足感和优越感就会沉浸其中，无法自拔，会无法控制地想要欺凌他人来获得关注感、存在感和优越感，整天无心学习，荒废学业，影响自己正常的学习和生活秩序。此外，长时间欺凌他人，还会使得欺凌者生出"唯我独尊"的不当心理，表现为以自我为中心，慢慢形成暴戾的习气，道德观不断地沦丧。但是，欺凌者同样也是校园欺凌事件中的受害者，一旦他们的小群体不认同欺凌者的欺凌和暴力行为，就会孤立和远离欺凌者。由于难以获得同伴的支持，处于孤立的关系地位中，欺凌者正常的人际交往得不到满足，他们就会"破罐子破摔"，变得更加肆无忌惮，甚至触犯法律的底线。从表面来看，欺凌者在欺凌事件中占了上风，其实对于欺凌者，他们在欺凌中被扭曲的心灵在经历快感的同时也同样在经历折磨。欺凌者欺凌他人倘若没有受到惩罚，便会产生无拘无束的感觉，对触犯法律又未被惩治产生侥幸心理，从此走上一条人生的不归路①。他们甚至会为自己有未成年人这把"保护伞"而自豪，认为即使触犯法律也只是被教育一番。倘若没有受到处罚，他们会更加无法无天，甚至有可能形成反社会人格和负性处理问题的方式，严重的甚至会滑向道德的深渊，走上违法犯罪的道路。可见，校园欺凌的欺凌者如果不能及时得到有效的教育和惩戒，听之任之，在其成年后很可能会有负性思维方式和反社会性人格障碍，具有高度攻击性，给个人和社会带来不安全因素。

(二) 对于被欺凌者，欺凌会给其学业及身心发展带来长久危害

一方面，校园欺凌扰乱了被欺凌者正常的校园生活，给其在日常学习、人际交往等方面带来严重的打击。受到欺凌的学生，往往会因这一经历分散学习的注意力。当学生遭受到严重的欺凌时，个体投入到学习的时间和精力缩短，很难进入学习状态。在此基础上，欺凌还会使学生对学校产生强烈的不安全感，进而导致厌学、逃学、学习成绩下滑等现象相继出现，这一点无论在原本成绩较好或是较差的学生身上均有所体现。与此同时，被欺

---

① 张仁贤，李纯青，解孟林.校园欺凌的应对与预防[M].北京：世界知识出版社，2017：12.

凌者受到欺凌后，不仅要面对身体上的伤痛，有时还要面对无中生有的造谣和同学间的流言蜚语，甚至直接被欺凌者辱骂，对自己名誉的受损无能为力也不敢辩驳、无法辩驳，进而出现焦虑、抑郁、无助等情绪，产生自卑感和无能为力感。这种不安的心理和不良的情绪会让被欺凌者把自己封闭起来，通过切断与他人交往的方式企图降低自己的存在感，让欺凌者们不再那么"关注"自己。这也就造成被欺凌者人际交往能力下降，进而导致更多的孤立与欺凌，加剧了被欺凌者的伤害。

另一方面，欺凌也会给被欺凌者的身心健康造成恶性影响，甚至会留下长远的难以愈合的情感创伤。被欺凌者是校园欺凌事件中的直接受害者，欺凌行为对被欺凌者最为直接的后果是给其身体带来疼痛、不舒服或者心理上的恐惧、焦虑、痛苦、愤怒等一系列负面的情绪反应。在遭受欺凌后，他们通常会感到抑郁、焦虑，甚至还会出现头痛、失眠、做噩梦的现象。有相关研究发现，被欺凌的儿童相比未遭受过欺凌的儿童，他们更容易遭到亚临床水平的炎症，还有可能一直持续到成年期。除此之外，校园欺凌还会对被欺凌者造成巨大且长期的心理上的伤害。它深埋于被欺凌者的内心，终生难忘，极易造成被欺凌者性格的扭曲甚至是缺陷[1]。有专业的机构研究发现，儿童时期若遭受欺凌，成年后就很容易患抑郁症，严重的有自杀倾向，也容易患头疼和消化道等疾病。最近一项研究对引起这种问题的原因进行了分析，结果发现一种特定的疾病指标——C反应蛋白在那些童年时期遭受欺凌者的人群中的含量高于普通人。C反应蛋白是一种很容易检测的炎症标志物，发生炎症反应时，这种蛋白指标增高，是慢性炎症的特征指标。研究还发现，当孩子受到欺凌后，短期内血液中C反应蛋白水平随着受欺凌次数增加而明显增高，10年后，曾经遭受过欺凌的人的血液中C反应蛋白水平仍然比其他人高许多[2]。除此之外，由于身体上和心理上所遭受的巨大折磨，他们往往觉得生活很痛苦，对生活缺乏勇气和信心，渐渐形成懦弱和逆来顺受的性格。但部分被欺凌者可能也会出现截然相反的行为，比如在无数次忍受欺凌后，用非常极端的方式来反击，甚至通过欺凌比自己更弱小的学生，来达到自己内心的平衡。他们就在这种欺凌与被欺凌中折磨自己，对身心发展极为不利。

总之，校园欺凌对受害者的身体和精神方面造成的伤害巨大，且持续时间长。在校园欺凌事件中，由于欺凌者的强势和霸道，被欺凌者受到力量单薄和性格内向等因素的影响，往往不知道该如何向外界寻求帮助，无法保护自己也无力跟欺凌者抗衡。长此以往，

---

[1] 张仁贤，李纯青，解孟林. 校园欺凌的应对与预防[M]. 北京：世界知识出版社，2017：13.
[2] 孙学军. 儿童受欺凌影响成年后健康[EB/OL].（2014-05-13）[2018-12-10]. http://blog.sciencenet.cn/blog-41174-794157.html.

受欺凌者在学习生活、身心健康、人际交往等方面受到持续的伤害，会影响到他们今后"三观"的塑造与形成。

（三）对于旁观者，欺凌也在侵蚀着他们的自信与自尊

实际上欺凌对于未直接参与到欺凌活动中的旁观者群体来说，造成的危害也是不容忽视的。旁观者作为配角，他们如果选择冷眼旁观或抱着看热闹的心态，就直接纵容了欺凌行为，间接地成了欺凌者的帮凶。面对欺凌现象，他们袖手旁观，或者转身离开，或是在一旁煽风点火，甚至后期加入欺凌活动中去。这些直接或间接的参与方式都会给旁观者造成负面的心理压力与情绪影响。

旁观者选择参与到欺凌活动中或为欺凌者加油打气，会给被欺凌者带来更大的苦难。这种行为不仅鼓励了欺凌者的反社会行为，同时，也加深了旁观者对残忍的欺凌现象的麻木不仁，甚至促使他们变成欺凌者的一员[①]。当旁观者目睹的欺凌行为是来自平时很受欢迎的、强大而勇敢的榜样角色时，他们很可能会去效仿这些行为。另外，校园中过多的欺凌行为被这些旁观者看到，会让他们产生校园并不安全的感觉，担心、害怕下一次这种欺凌行为也会发生在自己身上。他们由此甚至会认为欺凌行为已经是一种常态，本该有的同情心、正义感、是非观等在这一过程中渐渐被泯灭。或者，他们会因为自己没有能力帮助被欺凌者而厌弃自己的懦弱和无能，这种自我否定的情绪会带给旁观者很大的心理压力，易使其养成懦弱和逃避的性格，甚至开始怀疑人与人之间的信任，并为了避免让自己受到欺凌、被伤害而拒绝跟他人交往，严重的会发生厌学和逃学的情况。因此，袖手旁观或转身离开同样都承受着不小的心理压力。一方面害怕自己也有可能被卷入欺凌之中，另一方面又为自己没能力为被欺凌的同伴伸出道德援手而内疚，这两种感觉时时刻刻在侵蚀着旁观者的自信和自尊。

（四）欺凌影响学校的正常管理与社会的和谐稳定

校园欺凌不仅给学生个体带来巨大痛苦，对校园乃至社会系统也造成多方面的负面影响。

首先，对于学校管理而言，在校园内发生校园欺凌会带来极大的恐慌，破坏学校的友善气氛，危及学生对于学校的信任感和安全感，也将降低学生家长对于学校和校园管理者的接纳与信心。在这种校园环境下，一方面是学生们难以集中精力好好学习，学生会因恐惧、好奇等心理分散原本集中在学习上的注意力，一些学生甚至会蠢蠢欲动，想要尝试、

---

① 科卢梭.如何应对校园欺凌[M].肖飒，译，上海：华东师范大学出版社，2017：102-103.

模仿欺凌者的行为，进而去实施新一轮的校园欺凌，这在一定程度上会使校园欺凌事件扩大化。另一方面，当校园欺凌发生时，学校需要安排专门的老师负责处理，教师需要做的工作包括了解事件的前因后果，安抚学生及家长情绪，向上级主管部门汇报工作等，这一整个处理过程将耗费大量人力物力，分散了老师在正常教书育人上所投入的精力。同时，校园欺凌事件一经发生必然会影响到相关领导及老师的心情，降低他们的工作热情和积极性，消极情绪也将给教育教学带来难以估量的负面影响，从某种意义上来说这也是学校教学资源浪费的一种表现。

其次，结合前文所述，校园欺凌行为也将滋生出一种"反校园文化"，这种不良风气一经长期发酵，当其溢出校园之后极易转化成为"社会群体性失范"行为的"温床"。因此，从另一个角度来看，尽管校园欺凌事件的当事人双方一般只是未成年的学生，但他们是国家未来的建设者，校园欺凌势必在伤害未成年人身心健康的同时，为当下及未来社会的和谐稳定埋下隐患。

第四章 研究个案一：乡镇小学校园欺凌问题的学校防控策略研究

一、乡镇小学校园欺凌问题亟待关注

20世纪80年代以来，随着城市化进程的加快，越来越多的农村剩余劳动力涌入城市，导致农村留守儿童增多。自2001年开始，在全国兴起的"撤点并校"之风，使大量的农村中小学被撤点并校到乡镇上，此举有利于教育资源的优化配置和集中使用教育资源提高办学质量，使农村儿童可以和城市儿童一样，享受平等的教育资源。小学生最大的12岁左右，正处在身心发展的重要时期，这个阶段的孩子朝气蓬勃，正是学知识和长身体的最佳时期。他们好奇心强，求知欲旺盛，思维敏捷，在童年时期养成的好习惯可以持续保持，甚至终身。倘若在这个阶段养成不良习惯，到中学和大学时纠正起来就很困难。同样，小学阶段遭受欺凌，并被不良的情绪困扰，会逐步影响小学生的性格，影响学生今后的学习和成长，甚至会影响到他们的一生。

（一）父母监管缺失令学生易欺凌他人或遭受欺凌

由于留守儿童的父母长期在外，留守儿童自小便跟随着祖辈或父母的亲属长大，他们与祖辈的交流较少，祖辈的监管能力也较弱。相关研究发现，留守儿童较为缺乏父母的关爱，亲情缺乏导致他们在成长过程中易受到同伴的影响[1]；父母关爱的缺失，导致部分留守儿童在成长过程中缺乏自信，在人格发展上比较自卑，同时还有较差的学业表现和具有较大的攻击性。他们常感到自己不被他人接纳，觉得被群体排斥。与同伴之间不融洽的相处使这些留守儿童更加倾向于采用暴力解决问题，而这一现象在男生中更突出。由于缺乏父母的监管，留守男童也更容易去欺凌他人来彰显自己的存在感。同时，也正是由于父母监管和关爱的缺失，留守儿童也更容易遭受校园欺凌。

---

[1] 刘利民. 留守儿童最大的问题是缺乏亲情、缺乏关爱[EB/OL].（2018-03-10）[2018-04-15]. https://baijiahao.baidu.com/s?id=1594519476535267070&wfr=spider&for=pc.

1. 父母监管和关爱的缺失，学生缺乏安全感容易受到欺负乃至欺凌

父母长期在外，留守儿童很难与父母进行互动和情感上的交流，造成情感上的缺失。隔代或与父母的同一代与留守儿童之间的交流还是代替不了父母亲的沟通交流，长时间亲情的缺失，会造成一些留守儿童心理的空虚和情感的冷漠，因而也很难形成和同伴之间正常的情感交流。由于父母亲长期不在身边，很多孩子只能将自己在学校的遭遇告诉祖父母。但由于祖父母年龄较大，无法对他们进行有效的心理疏导，导致这些留守儿童和祖父母的沟通效率降低。长期累积下来，这些留守儿童的心理问题得不到有效的疏解，渐渐变得性格内向，产生被忽略感，不爱与他人沟通交流。安全感的缺失，极易让这些留守儿童遭受校园欺凌。而在乡镇小学，留守儿童因内心缺乏安全感，心理脆弱，在遭受欺凌后，他们的心理机能和自我调节能力均未达到一定的水平，因此遭受校园欺凌后还会引发心理问题。同时，父母长期不在身边也导致了留守儿童与父母之间的情感联系减弱，父母对留守儿童的思想引导和情感支持缺乏，留守儿童一旦遭受欺凌，在无法获得父母的情感支持和慰藉的情况下，只能把自己的情绪隐藏起来。部分儿童甚至会把遭受欺凌归结为自身问题，认为遭受校园欺凌是自己的原因，因而在遭到欺凌后也不知该如何寻求帮助。缺失父母的关爱，影响一些留守儿童与同伴之间正常的情感交流，加上性格上的内向、自卑，总是形单影只，更容易成为欺凌者实施欺凌的对象。倘若这些被欺凌者在遭受欺凌后忍气吞声，还会成为欺凌者反复实施欺凌的对象。

2. 父母关爱的缺失易导致留守儿童通过欺凌他人找寻存在感

一方面，长期缺乏父母监管，致使父母对留守儿童的监管功能弱化。父母长期在外，对留守儿童的学业也产生消极的影响，学业上的失败也是留守儿童滋生欺凌他人想法的一大因素。留守儿童的父母外出务工通常是想给孩子的教育创造更好的条件，他们也关心孩子的学习，但是，因为距离远，他们无法给予子女学业上的辅导。而一些留守儿童放学之后的空闲时间，经常是看电视、玩游戏或者是跟同伴一起玩而把学业丢到一边，对以上行为，留守儿童的父母很难监管。有些父母虽然能通过电话获悉子女的这些表现，但往往由于距离远，自己因未能照顾到孩子而怀有一种愧疚心理，致使他们不忍呵斥孩子，或是用简单的几句不能起震慑作用的呵斥处理，导致这些留守儿童我行我素。甚至一些留守儿童与父母亲因情感生疏，受到呵斥后，非但没有收敛自己的行为，反而变本加厉，把这种负性情绪转移到比自己力量弱小的人的身上，通过同样"呵斥"的方式发泄自己心中的情绪，欺凌的念头也就由此产生。

另一方面，部分留守儿童思想认识出现偏差，漠视规则，欺凌他人以获得价值感。湖南省留守儿童问题调查报告中也表明，58%的留守儿童出现自私、任性、内向、冷漠、缺乏同情心的问题①。这种情感交流的缺失也更加容易导致他们不顾及同伴的感受，由于自己心理的不平衡，他们也会更趋向欺凌他人，通过让他人陷入恐惧和苦闷来让自己获得平衡和满足。由于父母长期在外，隔代教育还是有很多监管不到的地方，导致一些留守儿童放任自流地成长。留守儿童有的自制力很差，跟着不良社会青年抽烟；有的沉迷网吧，甚至跟着团伙去打架斗殴，自然而然地习得他们暴力解决问题和以多欺少的习性。在留守儿童的群体中，还存在着一种反对权威的现象，特别是反对教师和家长这一权威。对于留守儿童之间的同辈群体，大多是由于父母的监护存在缺位，临时监护人又监管不力，导致学校的老师也是束手无策。留守儿童同辈群体的自主性很强，存在大量的反文化思想，严重影响到留守儿童的学习和与他人的交往，甚至行为失范，漠视学校的规则，比如上课不听、作业不写、逃学、打架、旷课、欺凌他人找寻存在感和价值感。由于父母监管的缺位，缺乏对留守儿童的关爱和人生观及价值观的引导，容易导致留守儿童在思想认知方面出现偏差，受同辈群体的不良影响而漠视规则，养成不良的习惯。这些都为留守儿童滋生欺凌他人的想法提供了空间。

（二）留守儿童可能存在的心理问题易引发或遭受欺凌

乡镇小学留守儿童颇多，由于缺乏父母的关爱和呵护容易产生心理问题，这些问题容易让他们欺凌他人，也容易让他们遭受到欺凌。

一方面，留守儿童普遍心理自卑，性格孤僻，容易遭受欺凌。根据一些对留守儿童的相关调查显示，留守儿童普遍存在自卑心理②。相比父母都在身边的儿童，留守儿童由于长期缺乏父母的关心和陪伴，内心觉得自己没有依赖和保护，导致他们的自卑心理更加普遍。加上缺少倾诉的对象，他们经常感到孤独，内心的烦恼与苦闷也得不到有效的疏导，被他人欺负后，更是无从找寻帮助，因而留守儿童对外部世界普遍缺乏信任感和安全感。这种情感的缺失影响到他们与他人的交流，他们把自己封闭起来，孤僻、冷漠、胆小、懦弱，缺乏爱心和同情心，也不愿与身边的伙伴过多交流，时常自己孤单一人，很容易被欺凌者盯上，成为被欺凌的对象。在遭到欺凌后，他们往往也不敢或无法与他人诉说，只能在心里默默忍受，又很容易让自己变成欺凌者反复欺凌的对象，总是处在恐惧和害怕之中。这种负面的情绪得不到疏导，自己被欺凌得不到帮助，从而产生孤立难安、委屈害怕的心理对被欺凌者的身心危害极大。

另一方面，一些留守儿童的逆反心理严重，容易引发欺凌问题。由于缺乏父母的关爱，他们的内心缺乏安全感，总是怀疑周围的一切，不信任人与人之间的关系。潜意识的

---

①王秋香.强势与弱势的错位：农村"留守儿童"社会化问题分析[J].理论月刊，2007（1）：167-169.
②张央央.农村留守儿童自卑心理的小组工作介入研究[D].咸阳：西北农林科技大学，2016.

不信任和内心的孤独感阻碍了他们与他人的正常交往,甚至产生自己被父母和社会遗弃了的感觉,对待一切都有逆反的心理,对他人大多都有一种仇视的态度。对教师的管教不服气,对父母电话里的管教也是置若罔闻。有些高年级的留守儿童甚至在公开场合顶撞教师及家长,以彰显他们的玩世不恭和独立。部分留守儿童经常在校违纪违规,做出许多出格的事情来发泄自己心中的叛逆情绪。这些留守儿童的情绪波动大,逆反心理强,容易沾染社会上的不良习气,更加容易去欺凌他人以突显自己的强大能力。

(三)乡镇小学是发生与防控校园欺凌的关键场域之一

学校是孩子主要的聚居场所,尤其对于留守儿童而言,学校是除家庭外重要的心灵依归,同学即同伴,教师即家长,学校即家庭。因此,学校虽然是欺凌发生的场所,但仍是教育学生最重要的场域,对防控校园欺凌有关键作用。父母监管的功能弱化,留守儿童的大部分时间都是在学校学习和生活,因此,学校在对留守儿童的心理塑造和教育方面起关键的作用。学校要重点加强对留守儿童的教育管理,在留守儿童的教育中,学校应发挥主导作用[1]。学校若能主动对校园欺凌问题进行积极防控,关注留守儿童的心理健康和教育,在留守儿童的日常学习和生活中给予更多的人文关怀和鼓励,引导他们积极地看待身边的人和事,树立正确的人生观和价值观,以及创造和谐友爱的校园氛围,促进学生之间友好相处,留守儿童就能够感受到体贴和温暖。留守儿童的心里若是充满对学校的向往以及有较多的与身边同学朋友的友好交往经历,他们欺凌他人的念头自然而然就能得到消解。而学校应做好关键的防控,让校园欺凌的发生始于校园,也止于校园。

留守儿童因缺乏父母情感联系的纽带,导致内心缺乏安全感,变得自卑、冷漠,行为怪异。乡镇小学人数多,这些留守儿童长期生活在学校,容易产生通过欺凌他人来获得存在感的行为。学生的未来就是祖国的未来,留守儿童的教育事关整个农村教育的发展以及社会的进步。当前,乡镇小学留守儿童的校园欺凌问题不仅危害留守儿童的身心健康,也危害校园的学习风气,影响平安校园的建设,给校园以及社会带来不稳定的因素,学校必须正视并采取有效的措施对校园欺凌加以防控。

二、乡镇小学校园欺凌的现状调查

湖南省某小学是地处湖南省西部的一所乡镇学校。学校创建于1984年,现在共有教学班29个,学生1518名,其中留守儿童986名;教职工63人。由于1~3年级学段学

---

[1] 国耀华.论农村留守学生的教育管理[J].吉林省教育学院学报(上旬),2012,28(1):58-60.

生年龄小，尚不能理解欺凌的含义，也不会回答调查问卷上的问题，因此问卷主要调查4～6年级的学生。本次调研发放问卷790份，回收后剔除无效问卷后为776份，其中，男生411份，女生365份，比例相当；调查问卷回收率98.2%。问卷分析结果如下。

（一）乡镇小学校园欺凌的现状

1. 校园欺凌发生的频率

欺凌问题普遍存在。如图4-1所示，在4～6年级接受调查的学生中，53.22%的学生没有遭受欺凌，46.78%的学生遭受过校园欺凌，接近总人数的一半；29.25%的学生曾遭遇过一次或两次的欺凌；一个月遭到2～3次欺凌的占9.54%；有4.77%和3.22%的学生遭到一周1次甚至每周几次的严重欺凌，可见校园欺凌发生的比例是很高的。这对不同学生都会造成一定的影响。但是，笔者对4～6年级34名教师，包括分管安全的副校长、德育校长、教导主任、班主任和任课教师进行校园欺凌问题的访谈中了解到，教师所知道的欺凌现象仅17.01%。

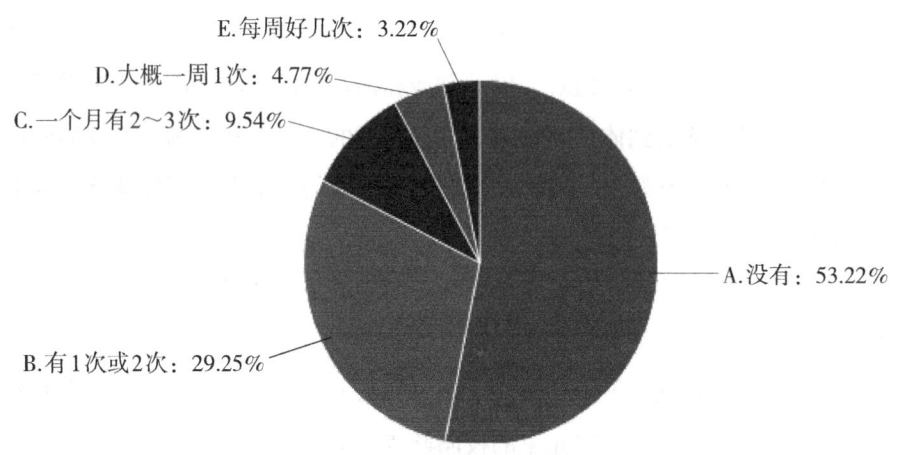

图4-1 校园欺凌的发生频率

2. 校园欺凌发生的时间

图4-2是学生在校期间受欺凌的时间段，本调查为多选题。如图所示，课间10分钟和中午为校园欺凌的高发时间段，分别占45.03%和47.69%。课间10分钟时间较短，学生大多数都是在教室和走廊活动，容易发生欺凌；中午学生一般都是在教室午休、做作业等，部分学生会到操场等地方活动，这个时间段欺凌发生的概率非常高；体育课、活动课、习课无教师监管的情况下以及放学后离开校园等时间，发生欺凌的概率也较高，有30.02%；再就是早上来到校园后到上早课之前，这段时间往往是教师不在场，欺凌行为大多也会在这个时间段内发生。

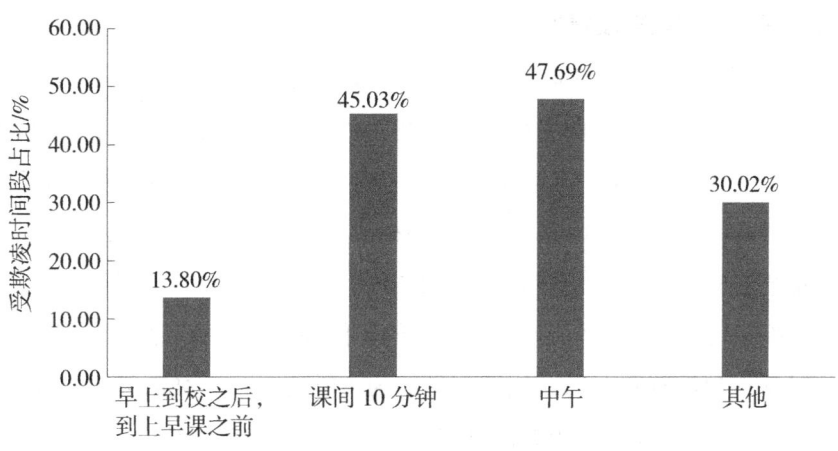

图4-2 在校受欺凌的时间段

3. 校园欺凌发生的地点

如图4-3所示,教室是欺凌发生概率最高的地方,占62.53%。课堂上有教师监管,一般不太可能会发生欺凌行为,但是下课后教室处于教师的视线范围之外,又是学生脱离教师监管后人员聚集较多的地方,这个本该是学习知识的殿堂,在脱离教师的视线范围后竟成为欺凌泛滥的重灾区。其次是走廊,36.36%的校园欺凌发生在走廊上,课间10分钟的休息时间相对而言只够学生在教室和走廊上活动一下,很多欺凌行为也在此发生。再就是操场,发生校园欺凌的比率是17.36%,操场汇集各个年级的学生,虽然人多,但时有教师巡查,发生欺凌的比例比教室和走廊相对低一些。然后就是校内僻静场所和学校门口经常发生欺凌,分别占12.12%和9.92%,这些地方处在教师视线的盲区,学校门口一般更是处于班主任的视线范围之外。厕所发生的比率较低,占3.86%。还有剩下的3.58%的地点被调查的学生标注在楼梯间,多为不同年级、不同楼层的学生之间发生欺凌的场所。

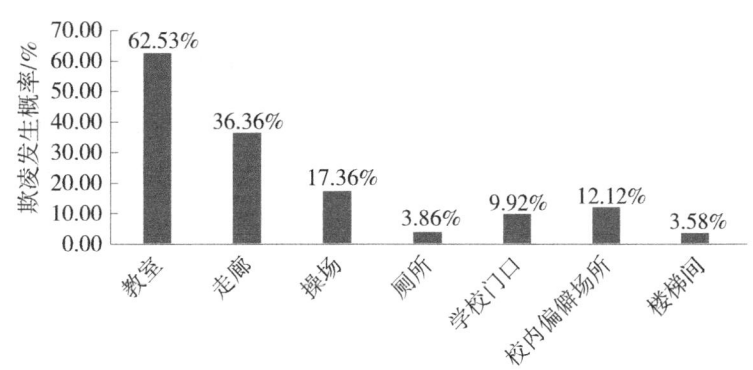

图4-3 遭受欺凌地点

4. 留守儿童卷入校园欺凌情况

表4-1为各年级留守儿童与非留守儿童卷入校园欺凌行为中的情况。如表4-1所示，四年级发生的欺凌行为，占总欺凌行为中的28.10%；五年级卷入欺凌行为的占47.38%；六年级的欺凌行为占24.52%。四年级欺凌行为中，留守儿童占60.78%，非留守儿童占39.22%；五年级欺凌行为中，留守儿童占76.16%，非留守儿童占22.84%；六年级欺凌行为中，留守儿童占57.30%，非留守儿童占42.70%。可见，四到六年级中每个年级发生的欺凌行为中，留守儿童卷入到校园欺凌行为中的比例都是最高的。留守儿童缺少父母的监管和关心，时常感到没有安全感，他们容易成为被欺凌对象，被欺凌后也没有家长在家"撑腰"，只能选择不断地忍耐。也有部分留守儿童脱离了父母的约束，变得"为所欲为"，靠欺凌他人获得存在感和满足感。

表4-1 各年级留守儿童与非留守儿童卷入欺凌的情况

年级	留守儿童	非留守儿童	合计	年级内留守儿童占比/%	年级占比/%
四年级	62	40	102	60.78	28.10
五年级	131	41	172	76.16	47.38
六年级	51	38	89	57.30	24.52
合计	244	119	363		

（二）乡镇小学校园欺凌的类型

1. 校园欺凌的主要类型

校园欺凌常以言语欺凌、身体欺凌、关系欺凌等方式进行。如图4-4所示，言语欺凌包括起绰号嘲笑、辱骂和恐吓威胁，所占比例最高，分别占24.10%、20.49%和6.31%，身体欺凌（包括踢、推或打）占19.85%，关系欺凌（包括孤立同学，不让参加任何活动）占4.25%；还存在6.44%以拿走或损坏别人的东西的方式来欺凌他人，强迫别人给钱占1.29%。由此可见，乡镇小学校园欺凌最普遍的欺凌方式是言语欺凌和身体欺凌，再就是关系欺凌，即欺凌者利用自己和同伴的关系，将被欺凌者孤立起来，不让其参加任何的活动，旨在造成被欺凌者不和谐的人际关系，孤立无援。这种欺凌难被发现，却对被欺凌者的人际交往造成较大的影响。

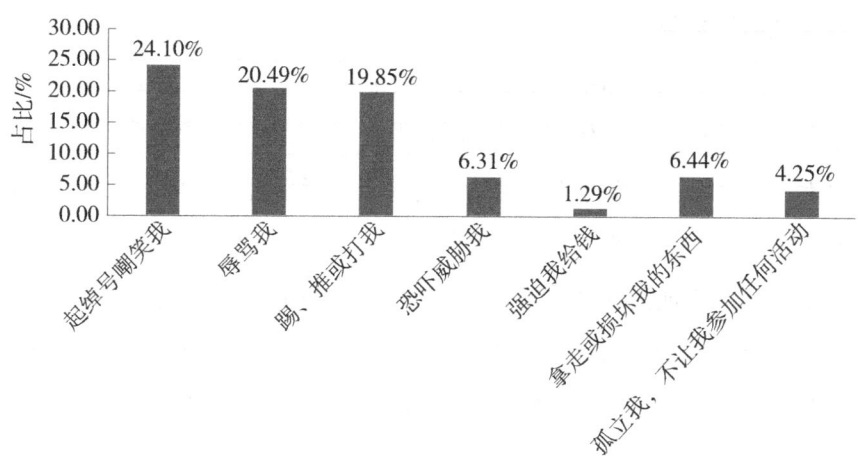

图4-4 校园欺凌的主要方式

2. 校园欺凌的年级差异

如图4-5所示,四年级的学生主要的欺凌方式是踢、推或打,占21.14%;其次是辱骂和起绰号嘲笑,分别占17.07%和12.2%。五年级学生的欺凌方式主要是起绰号嘲笑,占36.06%;其次是辱骂,占27.14%;再次是通过踢、推或打的方式欺凌他人,占12.64%。五年级学生中恐吓威胁的情况最严重,占12.64%,均高于四年级和六年级学生恐吓威胁所占比例2.44%和3.45%。六年级学生的欺凌方式主要是起绰号嘲笑,占22.99%;其次是辱骂,占13.41%;再次是踢、推或打,占11.11%;其他方式的欺凌不多,最高仅4.6%,为孤立被欺凌者,不让其参加任何形式的活动。综上所述,四年级学生的欺凌方式主要以肢体欺凌为主,为21.14%,五年级和六年级学生主要以言语欺凌为主,分别为36.06%和22.99%。从图4-5还可以看出五年级学生欺凌和被欺凌的情况最严重,所占比例最高。

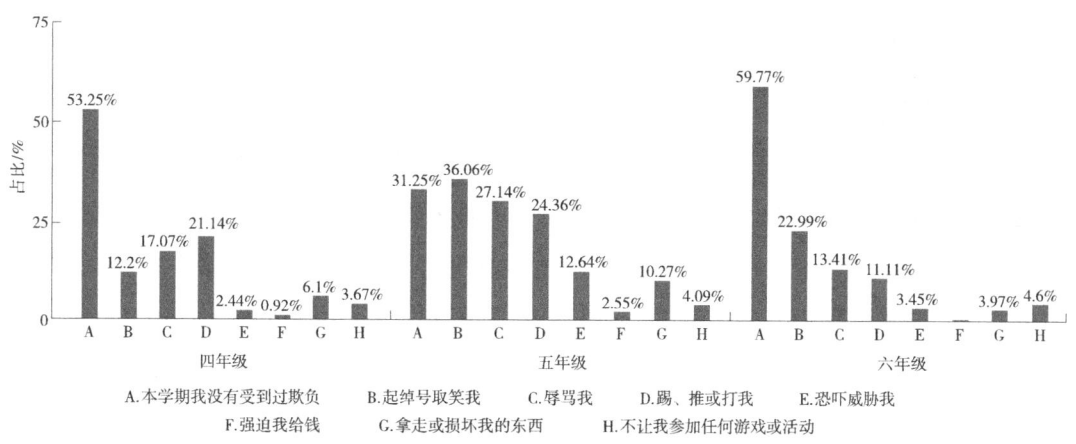

图4-5 被欺凌的年级差异

3. 校园欺凌的性别差异

如图4-6所示，男生的欺凌情况普遍比女生高一些。首先，男生和女生都主要采取起绰号的方式欺凌他人，分别为25.06%和23.01%。其次，男生比女生更容易遭受和进行身体上的欺凌。在用踢、推或打的方式欺凌他人上，男生占22.63%，女生占16.71%。女生除了起绰号嘲笑的方式之外，还有采用辱骂的方式，占18.36%，甚至有踢、推或打的方式，占16.71%。拿走或损坏被欺凌者的东西这种方式在女生中也较为常见，占7.95%，高于男生的5%，不让参加活动女生的为2.74%。综合各项数据对比来看，男生遭受校园欺凌的比例普遍高于女生，只有在拿走或损坏他人东西这一欺凌方式上的比例是女生高于男生。因此，男生比女生进行和遭受欺凌的可能性更高且方式上会更为激烈。

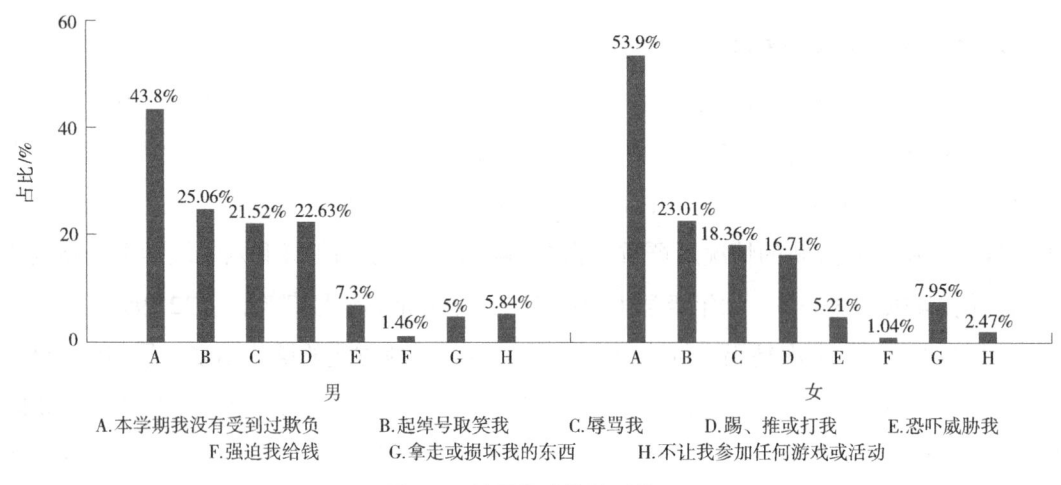

图4-6 校园欺凌的性别差异

（三）乡镇小学校园欺凌的主体感受

1. 欺凌者的感受

如图4-7所示，欺凌者欺凌他人的感受中，觉得自己特别拽，有范儿，证明了自己的价值所占比例最高，为33.53%；其次就是觉得看他人不顺眼，就想欺凌别人来解气，占29.41%；认为欺凌者不识好歹，故意对他/她实施欺凌，占22.35%；少部分的学生是想跟着欺凌者一起欺凌他人，觉得不用怕承担责任，占14.71%，由此可见，这种从众心理和法不责众观念也导致了一部分学生从旁观者变成了欺凌者；剩下的2.94%为没有任何感受。以上几种欺凌他人的感受，与前面提到乡镇小学中留守儿童想通过欺凌他人的方式获得存在感相符。

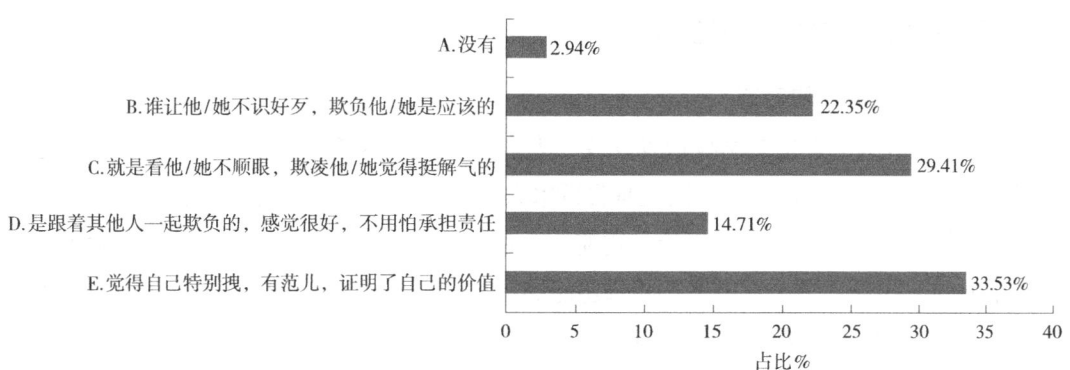

图4-7 欺凌者欺凌他人的感受

综上所述，校园欺凌的现象普遍存在，接近一半的学生都曾遭受过欺凌，少部分学生遭受过严重欺凌。大部分的欺凌者是想通过欺凌他人来证明自己的价值，极少数的旁观者因为从众心理居然也加入欺凌队伍当中，可见欺凌问题的普遍和危害之大。

2. 被欺凌者的感受

如图4-8所示，在遭到欺凌时，被欺凌者大多觉得很委屈，所占比例最高，为28.35%，觉得自己又没做错什么，平白无故地遭受欺凌；心里恐惧、害怕和担心有下一次，占14.05%；在心里痛骂对方，但却不敢有实际行动，占12.63%；觉得没办法，错在自己，认了，占9.79%；部分选择先忍着，下次再教训欺凌者，占6.57%；少数想直接反抗，跟对方直接动手，占4.38%。还有2.96%觉得无所谓，自己不在乎，可见被欺凌已经成为常态。

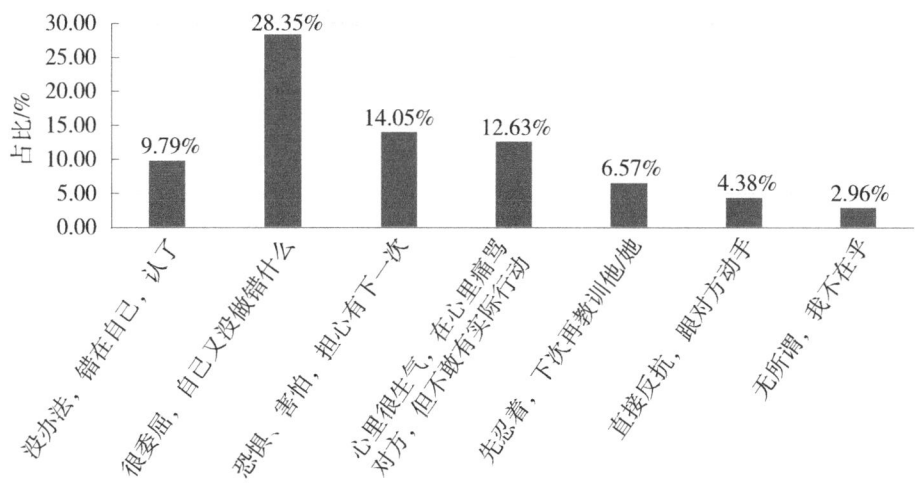

图4-8 被欺凌者的感受

(四) 乡镇小学校园欺凌的应对方式

1. 被欺凌者的应对方式

如图4-9所示，学生在学校遭到欺凌，大多会首先告诉老师，寻求老师的帮助，这部分所占比例最大，为64.3%；其次就是告诉家人，占11.35%，大多是告诉爸爸妈妈或爷爷奶奶、姑姑等；然后就是选择忍让、逃避，占8.76%，可见在校园内遭受欺凌，除了寻求老师帮助的方式外，学生觉得忍让和逃避能够让自己少受欺凌；少部分被欺凌者还会把欺凌情况告诉同学，占6.83%；找机会报复的占5.67%；最后就是找学校心理咨询员，这一部分的比例最小，仅3.09%。

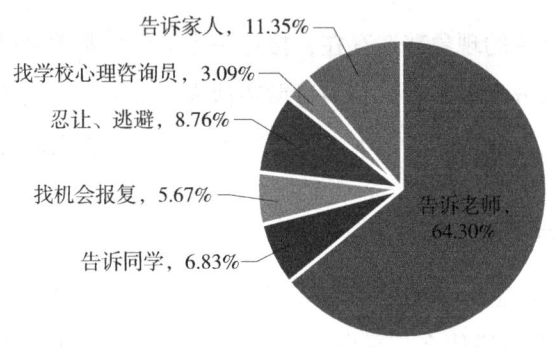

图4-9 在学校遭受欺凌时的应对

2. 旁观者的应对方式

如图4-10所示，如果发现其他同学遭到欺凌，75.64%的人选择告诉老师或保安；告诉同学或朋友占25.77%；选择帮助被欺凌的同学占29.25%；也有部分学生选择离开，占5.80%；还有一部分学生会加入欺凌，由旁观者转变成欺凌行为的协同者一起加入欺凌，占3.22%；仅有极少部分人会跟着看热闹、起哄或者离开，占2.84%；还有3.22%的学生选择其他，并注明自己会去劝架，把人拉开。

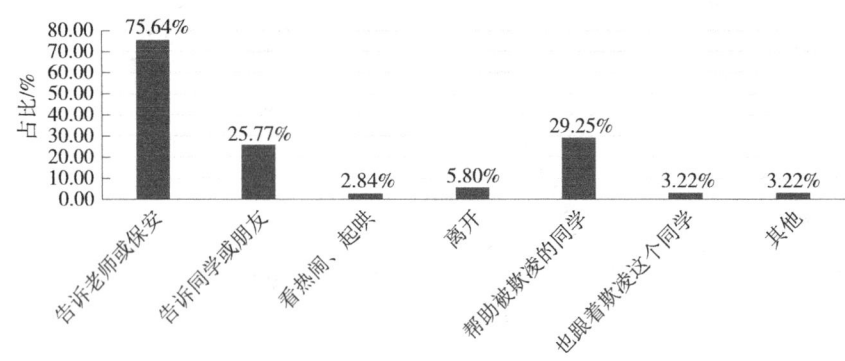

图4-10 旁观者的应对方式

由此可见，在小学阶段，遭到欺凌或看到其他学生遭到欺凌，学生主要选择告诉老师，寻求老师的帮助。自己遭到欺凌，一部分人会告诉父母或祖辈；一部分人选择忍让逃避，只有少部分选择找机会报复。看到其他学生遭到欺凌，除了告诉老师之外，会选择帮助被欺凌的同学，告诉同学或朋友，仅3.22%的学生会加入欺凌队伍欺凌他人。可见老师在应对欺凌行为上有重要的作用，学校在防控中有关键的主导作用。

3. 教师的应对方式

小学阶段的学生对教师的心理依赖比较大，学生遭到欺凌或者看到欺凌行为大部分会选择告诉老师。笔者对湖南省某小学教师进行访谈，了解到教师应对欺凌的方式，对X老师的访谈内容摘录如下：

Q1：您是怎样知道学生中存在欺凌行为的？大概多少呢？

X：通过学生的举报，以及自己亲自碰到，但这种情况非常少。

Q2：您知道的欺凌者主要有哪些特征？

X：欺凌者主要都是身体比较强壮、高大的学生，并且具有攻击行为，还有就是成绩比较差。

Q3：欺凌者欺凌他人时的主要方式有哪些？

X：主要是用身体的力量，比如打、推的方式伤害他人；其次就是用难听的话去辱骂他人；还有就是部分欺凌者家里没有给够他们钱花，会向别人收缴保护费，不给钱的话就打别人。

Q4：受欺凌者一般是哪些学生？这些学生有什么特点？

X：一般都是些性格内向、瘦弱的学生。这些学生首先性格比较内向，不太合群，即使受到欺凌也没有很多的朋友可以帮忙。其次，他们一旦受到了欺凌也不敢告诉老师，只会默默地承受。再就是这些学生身体矮小，比较瘦弱，打不过那些欺凌者。

Q5：学生受到欺凌时您通常是怎么应对的？

X：首先把他们拉开，检查被欺凌者是不是受到了伤害，情况严重的立即打电话通知双方家长到学校来处理。情况不严重的，给予欺凌者口头教育和思想教育，对受欺凌者给予心理上的安抚，之后让欺凌者给被欺凌者道歉。

Q6：针对肢体欺凌、言语欺凌和关系欺凌，您的处理方式是怎样的？

X：首先都要进行思想上的教育，让学生从思想上端正态度，要正视欺凌这个问题。其次，对于辱骂同学的现象给予纠正，不准他们再骂别人。再次就是教育学生同学之间要友好相处，不能孤立他人。

Q7：学生的课外活动一般是做什么呢？会安排学生的课余活动吗？

X：学生都是自由活动，老师手头上的工作都忙不完，没有精力设计学生的课余活动。

可见，教师对校园欺凌事件中的欺凌者主要采取思想教育或口头训斥的方式，并责令其向被欺凌者道歉，教师对被欺凌者则以心理上的安抚为主。对于情节比较严重的欺凌事件，则通知双方学生的家长或监护人到学校一起处理。对于言语欺凌和关系欺凌，处理的方式一般以教师对欺凌者进行思想教育为主。

（五）乡镇小学学校采取的防控措施

学校对校园欺凌进行主动防控可以有效阻止欺凌现象的蔓延。笔者通过对湖南省某小学分管安全的Z副校长、分管德育的L副校长以及教导主任进行学校防控欺凌的访谈，访谈中了解到学校现有的防控措施主要如下：

Q1：学校有专门的组织机构处理校园欺凌事件吗？

Z：欺凌事件主要在班上发生，不需要专门设置机构，一般由班主任处理，情节重大的上报到学校，通知家长到学校来。

Q2：为了防控校园欺凌，学校制定了哪些措施？

Z：我校制定了这些措施：①定期对班主任进行培训，了解校园欺凌的类型和危害，要求班主任定期在班上开展校园欺凌专题教育。②利用班级手抄报、校园广播的形式宣传有关校园欺凌的知识。③开展"夸夸我的同学"的活动，让学生找找身边同学的闪光点，营造和谐的同学关系。④以晨会、班会、国旗下讲话的形式讲解校园欺凌的危害，提醒全校师生引起注意，加强防范。⑤邀请公安、司法部门到学校开展法制教育，进行反欺凌宣传，教育学生牢固树立法律意识，不能触碰法律的底线。⑥学校保安严格做好外来人员进校登记记录，可疑人员不准进入校园，在校内如发现可疑人员应及时上报，不得隐瞒。⑦做好学校的"三防"建设，即人防、物防、技防。人防即学校所有工作人员认真排查校园中的安全隐患，值班人员加强课余活动时间校园巡查力度，发现学生欺凌现象，立即制止，并及时上报；物防即加强校园基础设施建设，打造和谐优美的校园环境；技防即加强监控设施装备，全面监控校园，做到校园安全无死角，发现欺凌立刻阻止。⑧对校园内欺凌其他同学的行为及时查处，必要时通知家长到校参与处理。⑨班主任对受欺凌学生进行心理安抚。⑩对严重的校园欺凌事件，造成他人身体受到重大伤害的，移交公安、司法等部门处理，并给予校纪处分。

应该说，学校已经制定了一些防控校园欺凌的措施，例如：定期开展校园欺凌专题教育；利用校园广播、手抄报、国旗下讲话等对校园欺凌进行预防和宣传；及时查处校园内发生的欺凌行为，对被欺凌者及时给予安抚；对于情节特别严重的欺凌事件，学校将移交司法机关处理等。

虽然学校已经采取了一些防控校园欺凌的措施，但校园欺凌问题依然较为严重。在被调查学校中，4～6年级中接近一半学生都曾遭受过不同程度的欺凌，且大部分的欺凌和被欺凌行为发生在留守儿童之间。校园欺凌的方式主要以言语欺凌和身体欺凌为主，欺凌者欺凌他人的主要目的就是找寻存在感，证明自己的价值，而被欺凌者在遭受欺凌时大多觉得委屈，以及害怕、担心有下一次；被欺凌者主要的应对方式是告诉老师或同学，再就是选择忍让、逃避，仅3.09%的学生选择去找学校心理咨询员；欺凌事件中的旁观者也是首选告诉老师和同学，29.25%的学生会去帮助被欺凌者，少部分学生会跟着欺凌当事学生或者选择离开。这种情况要求我们必须持续关注和重视乡镇小学的校园欺凌问题。

三、乡镇小学校园欺凌学校防控方面存在的问题

基于乡镇小学校园欺凌的现状调查，笔者发现目前乡镇小学在校园欺凌学校防控方面主要存在以下问题。

（一）学校对校园欺凌的预防重视不够

1. 学校对校园欺凌的教育宣传覆盖不深

通过此次调查发现，46.78%的学生都遭受过校园欺凌，相当于4～6年级学生总人数的一半都遭受过或多或少的欺凌，说明该校校园欺凌问题普遍存在。有4.77%和3.22%的被调查者遭到一周一次或一周几次的高频欺凌，且大部分都是留守儿童，由于缺乏父母的关爱，他们容易成为被欺凌的对象。欺凌的方式分为言语和肢体欺凌。言语欺凌包括起绰号，辱骂和恐吓、威胁的方式，这种欺凌方式普遍存在学校的各个年级的欺凌现象之中。其次是肢体欺凌，通过欺凌他人获得存在感。欺凌发生的地点比例最高的是教室、走廊和操场，分别占62.53%、36.36%、17.36%。这些无论上下课都是学生普遍较多的地方，欺凌却在此堂而皇之地发生。

从表4-2可知，学生认为学校开展生命教育课程的比例相比其他教育活动所占比例最高，为65.72%；其次是法制教育和校园欺凌专题教育，分别是58.89%和54.12%，换言之仅过半的学生知晓学校开展过这方面的教育活动；仅33.89%的学生知道学校有心理咨询室，31.36%的学生知道学校欺凌事件的负责人和举报电话，二者均只占总人数的三分之一左右，其余学生均是不知道或不清楚学校的这些活动和措施。

表4-2 校园欺凌预防情况

单位：%

题目	有	没有	不清楚
学校是否有进行校园欺凌专题教育	54.12	13.79	32.09
学校是否有心理咨询室	33.89	23.71	42.40
学校是否提供有关生命教育课程	65.72	11.98	22.30
学校是否有公布欺凌事件的负责人和举报电话	31.36	29.64	39.00
学校是否有开展法制教育、安全教育	58.89	34.41	6.70

学生是学校的重要组成部分，学校是教育学生的重要场域。学校滋生校园欺凌行为也反映出学生自身对校园欺凌的认知和应对能力不足，欺凌者、被欺凌者和旁观者呈现出差异化的表现。

（1）缺乏对欺凌者存在感缺失的正确引导。在乡镇小学，欺凌者把欺凌他人作为发泄情绪的途径，以及获得自我满足感及他人对自己能力认同感的手段。学校教学评价唯分数论的情况突出，学校的评优评奖标准仅限于学业成绩，因此，学业成绩不佳的学生很难在学业成绩方面获得成就感和满足感，从而影响学生对自我的正确认知。从图4-11可知，参加过欺凌他人的学生中，中等偏下成绩的学生欺凌他人的概率最高，占38.24%；其次是中等成绩的学生，占27.65%；再就是不喜欢学习的学生，占24.12%；成绩良好和优秀的学生欺凌过他人的分别占8.24%和1.76%。由此可见，欺凌者难以在班级或校园内找到自己的存在感，往往想通过其他的方式来获得存在感及他人对自己的关注和认可，欺凌他人的想法由此滋生。欺凌者认为，欺凌他人既能突显自身力量的强大，又能宣泄自身的不满和愤懑的情绪。小学生正处于知识和意识的萌芽期，自我意识较浅，尚未养成规则意识，自我控制和情绪管理的能力非常弱。加上这种学业上的困顿和较低的自我效能感，欺凌者容易去欺凌他人以彰显自己的能力并且通常还会反复实施欺凌。欺凌者的"霸王"作风具有极大的指引性和传染性，不管被欺凌者通过欺凌比自己力量更弱小的人宣泄情绪，还是旁观者通过参与欺凌习得这种欺凌行为，均是被欺凌者的欺凌方式和行为所感染，以此来凸显自己的存在感和引起他人的关注。

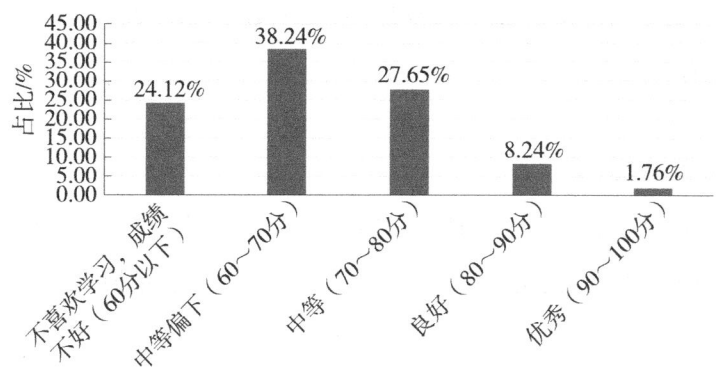

图4-11 学生学业成绩与欺凌相关度

（2）对被欺凌者缺乏正确应对欺凌的方法指导。在乡镇小学，被欺凌者对校园欺凌认知不足，学校缺乏对被欺凌者正确应对欺凌的指导。首先，被欺凌者不能分辨哪些情况是属于校园欺凌。欺凌的类型多样，令被欺凌者对校园欺凌的其他类型无从辨认，导致相当一部分的被欺凌者遭受到校园欺凌而自己完全没有意识到，甚至2.96%的被欺凌者还存在着"无所谓，没什么大不了的"的消极心态。其次，部分被欺凌者知道自己遭遇了校园欺凌，但却不知该如何去应对。14.05%的被欺凌者由于性格的软弱不敢将被欺凌的事情告知他人，部分被欺凌者害怕欺凌者的威胁和恐吓，也害怕自己再次遭到伤害，所以不敢说。还有部分被欺凌者本人或委托同学将事情告诉老师后，老师只是对欺凌者实施口头上的教育，被欺凌者认为并没有解决自己所遇到的实际问题，自己还是处于被欺凌的恐惧中，当再次遭到欺凌时通常选择忍让和逃避，觉得欺凌行为过去了就安全了，所以默默忍受成了被欺凌者的主要应对方法。9.79%的被欺凌者觉得"没办法，都是自己的错，认了"，这样的心态无疑助长了欺凌者的态势，默认自己遭受欺凌是自身问题，容易让自己成为欺凌者盯上的目标。

（3）对旁观者加入反欺凌行动的动员不足。欺凌行为的普遍存在还体现于学校尚未形成包括旁观者在内的反欺凌合力。校园欺凌是隐蔽在学生之间的行为，旁观者是除欺凌者和被欺凌者之外的直接见证人，旁观者是被欺凌者所期待的"救星"，却也是通过习得欺凌行为，最容易加入欺凌，跟着一起欺负被欺凌者的人，他们或者成为欺凌行为的协同者，或者选择离开，置身事外。从调查中可知，当发现其他学生受到欺凌时，除告诉老师之外，仅29.25%的学生会选择帮助被欺凌者。还有2.84%的学生选择看热闹，5.8%的学生选择离开，3.22%的学生选择也跟着欺凌这个同学。数量庞大的旁观者在欺凌行为中无形地纵容了校园欺凌行为，使得欺凌者在欺凌他人时肆无忌惮。从另一个角度来看，校园欺凌中的旁观者具有人数多的优势，学校若能发动旁观者积极参与阻止欺凌，将对学校控制校园欺凌非常有利。

2. 校园文化的建设不足

校园文化包含校园的物质文化和精神文化，优美的校园环境可以陶冶情操，丰富的精神文化能让学生的心灵得到充实，减少滋生欺凌他人的想法。精神文化包括办学理念、校园氛围的营造、和谐的师生关系和同学关系的构建、学生课余时间的活动和丰富的精神文化的打造。精神文化建设充足，学生在润物细无声的精神文化熏陶中，不断丰富自己的内心世界和精神家园，自然而然会弱化甚至不会滋生欺凌他人的想法，懂得与世界和谐共生。

如图4-12所示，学生认为除了已有的措施之外，学校应加强心理教育，教育同学之间友好相处；其次就是设计丰富多彩的课外活动，二者占比很高，分别为78.09%和32.09%。可见，学生普遍认为良好的同学关系和丰富多彩的课外活动可以促进同学之间友好交流，起到很好的制止欺凌的作用。但是笔者通过对Y老师的访谈了解到，大部分的课余活动都是学生自由活动。

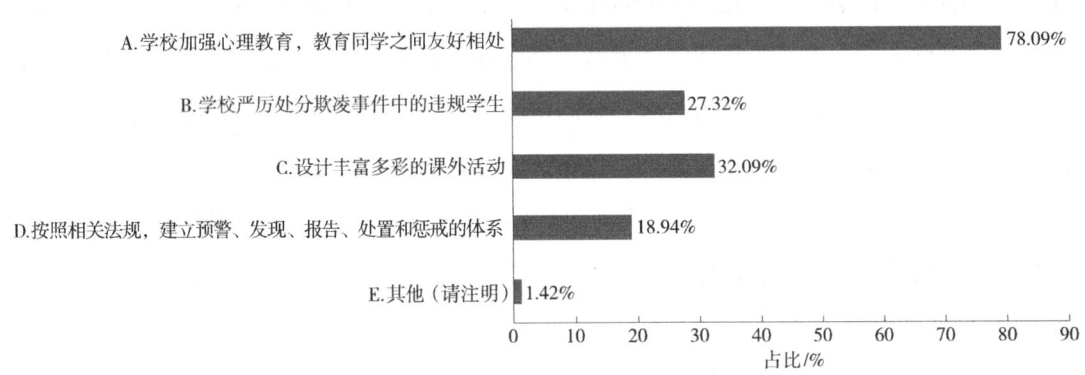

图4-12 学生认为有效制止欺凌的办法

丰富多彩的课余活动有助于同学之间良好关系的构建。而该校教学任务重，在一定程度上挤压了课余活动的实践，这在很大程度上为欺凌的滋生提供了空间。

（二）学校欠缺妥善处理校园欺凌的能力

1. 对校园欺凌的处理不够及时

校园欺凌事件若不能及时处理和化解会对被欺凌者产生较大的心理伤害。校园内发生欺凌事件后,很多时候为了大事化小、小事化无,学校会在私底下解决事情,殊不知这样的处理方式,会造成学生之间相互的耳语,并怀疑学校是否能够真正地解决问题,甚至造成了姑息欺凌的假象,以至于欺凌事件反而得到了纵容。在日常教学活动中,因为预防和处理校园欺凌的制度落实不到位,教师也不能有计划、有根据地处理欺凌者,只能对其进行批评教育,而对这些学生产生欺凌的背后原因不去深究,这种处理方式很有可能会造成学生之间的"交叉感染",对欺凌者进行学习和模仿,甚至无视校规的存在,继而无所顾忌地对被欺凌者或者是向教师举报的旁观者打击报复,这更加纵容了欺凌行为的发生。有相关研究表明,在欺凌发生后两小时之内都是干预欺凌的最佳时间,倘若能在这个时间段内对欺凌事件进行及时有效的处理,特别是让欺凌者得到应有的处罚,及时疏导被欺凌者心中的恐惧、委屈、焦虑等负面情绪,可以在一定程度上缓解被欺凌者的焦虑感,进而消解其负面情绪。

再者,学校与家长沟通和联系不够及时有效。许多欺凌者的家长与老师的沟通不够,他们不了解学校在纠正欺凌者欺凌行为上所做出的努力,或者以自己工作忙为理由干脆直接让学校全权处理,没有及时配合。当学生之间出现欺凌行为时,这些学生家长没有及时给予足够的关注和教育,那么欺凌的问题就隐藏了下来,欺凌者的欺凌行为没有得到有效的纠正,欺凌的念头还是会复发。而且,学校与被欺凌者的家长沟通不足,当学生受到欺凌后学校通知家长到学校处理,部分家长会以忙为理由,委托教师来处理,并要求欺凌者给予道歉。还有部分家长会用极端化的方式处理,比如,到校后斥责欺凌者,甚至出现家长间互相斥责的行为,如此一来非但没有解决欺凌问题,反而造成了矛盾的升级,演变为冲突事件。此外,还有一种情况便是学校通知家长后,家长非但没有关心孩子是否受到了伤害,反而责怪其"无用""不敢反抗",上述任一情况的出现,无疑都会给被欺凌者再次带来心理上的伤害。

2. 学校对校园欺凌的处理欠缺威慑力

当前中小学教师的教学任务和常规工作比较重,社会工作量大,需要耗费许多精力去完成这些工作。在乡镇小学,仅靠班主任老师一人之力很难同时兼顾到对每名学生的安全管理工作,这致使一些欺凌问题、事件发生后并不能及时得到教师层面的介入和处理。乡镇小学安全管理的重心大多是在交通安全、食品安全以及防溺水防火等方面,由于被欺凌者短期内不会爆发突出的反应,再加上对校园欺凌相关知识的欠缺,很多时候教师很难将欺凌事件和学生之间的打闹或冲突事件区分开来。学校在处理欺凌事件的时候大多是思想教育、口头训斥、要求欺凌者道歉为主。事态较严重的欺凌事件则叫家长一起到学校来处理。乡镇小学留守儿童颇多，大部分的留守儿童都是爷爷奶奶在家照顾，即使到学校后也是口头训斥，或者责骂。从本次调查可知，无论是自己遭受欺凌或者是看到其他同学遭受欺凌，学生的首选便是告诉老师，这二者分别占到其他选项中的64.3%和75.74%，可见在小学阶段学生对教师的心理依赖还是较大，遇到问题首先是求助教师，许多欺凌事件学生也反映到教师处。在对教师的访谈中了解到，大部分的教师处理学生之间的欺凌事件都是思想教育为主，严重的事件则通知家长。思想教育对偶然发生的欺凌行为有作用，但是对恶意的、长期的欺凌行为作用甚微，甚至把欺凌者的家长叫到学校来，爷爷奶奶也不一定管得到，作用微乎其微。

总而言之，学校对校园欺凌的处理尚欠缺威慑力，导致欺凌行为普遍和反复发生。首先，欠缺甄别校园欺凌的能力。校园欺凌主要特征是存在力量的不对等。学生之间力量对等的情况下出现的暴力行为属于冲突，可由班主任或学校安全机构解决冲突事件。而恃强凌弱、以大欺小、以多欺少这种是力量不均衡的欺凌，且欺凌者还会威胁被欺凌者不准告发。另外，同学之间起绰号、开所谓的"玩笑"、把自己看不惯的同学孤立起来的行为，究竟是不是欺凌，这需要学校加以辨别。其次，欠缺专门处理校园欺凌的方法。校园欺凌对被欺凌者的身心造成重大的危害，影响深远。甚至欺凌者不用动手，只需说出几句辱骂、恐吓威胁的话就可以轻轻松松让被欺凌者感到焦虑、惶恐不安。此类情况学校的教师一般认为问题不大，往往以口头教育、思想教育的方式淡化处之，对学生的心理疏导和情绪安抚往往不够。再次，出现肢体欺凌，教师通常是对欺凌者进行教育或通知家长到学校处理。乡镇小学留守儿童普遍较多，大多是爷爷奶奶等祖辈在家，他们到校后往往都是训斥责骂或叮嘱教师严加管教，不能对欺凌者进行有效的行为约束和思想约束。最后，欠缺对校园欺凌影响的追踪。校园欺凌事件处理后，被欺凌者是否对欺凌处理的结果满意，是否摆脱了委屈、自卑、惶恐、焦虑和低自我效能感的情绪圈，走出阴影，回归正常的学习和生活；欺凌者对校园欺凌的处理是否服气，事后是否对被欺凌者进行打击报复，是否弱化了欺凌他人的想法等，这些都需要予以有效追踪，将欺凌危害降到最低。

3. 学校对校园欺凌处理的约束性差

从调查结果来看，在校园内发生校园欺凌概率最高的时间是课间10分钟和中午，有45.03%和47.69%的欺凌都在这个时间段发生。这段时间教师一般都是回办公室休整，准备下一堂课；中午也是师生休息的时间，此时间段，教师一般都在养精蓄锐，教室和走廊处在教师的视线范围之外，欺凌便在这个时间段频发。教室、走廊、操场等场所，发生欺凌的概率分别为62.53%、36.36%和17.36%，这些场所本该是学习知识的殿堂和课后放松的场所，而在课后有相关人员巡查校园的情况下，走廊和操场仍是欺凌的高发地，可见学校对学生课余活动时间的监管不够。再者，教师的处理多以口头教育为主，所起的约束作用不足。

制定相关校纪校规也属于学校的管理工作。制定校纪校规的作用就在于规范学生的行为和对学生的不良行为进行约束。倘若校纪校规无法约束学生的不良行为及维持学校正常的安全秩序和教学秩序，那么就意味着校纪校规的约束性差。目前校园欺凌的产生和对欺凌者的相关处理以及处理后的效果，在一定程度上也说明了学校处理欺凌行为的约束性差。学校会要求班主任定期加强学生的纪律教育、安全教育，要求学生规范自己的行为习惯，但对欺凌的约束作用收效甚微，这也体现出学校在处理校园欺凌问题上对学生的欺凌行为的约束不足，学生对学校处理欺凌行为无法产生畏惧感，欺凌处理方法也就无法对欺凌者产生有效的遏制作用，反而加重了欺凌行为的蔓延，更加导致欺凌者肆意妄为，被欺凌者无奈继续忍受。

（三）学校对校园欺凌的防控力度不足

校园欺凌防控的力度不足主要体现在：学校防控校园欺凌的机制不健全，导致在遇到欺凌问题时无法判别和处理，也无法进行有效的追踪，在处理校园欺凌事件时也无明确的相关制度可依。缺乏校园欺凌相关的应急预案，发生重大欺凌事件不知如何应急处置。首先，校园欺凌的举报渠道尚未被学生广泛熟知。学校未设置校园欺凌举报信箱，学生一旦遭受欺凌又不敢开口寻求老师的帮助，就只能自己在心里默默承受。其次，干预欺凌的措施不足。欺凌发生后，教师对欺凌者多以口头教育、思想教育为主，对于严重的欺凌事件则通知家长到学校来处理或移交到司法部门。欺凌者和被欺凌者大多缺乏关爱，内心缺乏安全感，感性总是凌驾于理智之上，过多的思想教育、口头教育或送公安、司法部门并不能对他们进行有效的心理疏导和思想引领，帮助他们改正错误。最后，未建立有效的追踪机制。欺凌者和被欺凌者在欺凌事件发生、处理之后，被欺凌者对欺凌处理的方式是否满意，欺凌者对欺凌的处理方式是否服气，他们的心理、学习和生活状态如何，是否能消除被欺凌者的心理阴影等问题缺乏必要的跟进追踪。

1. 学校防控校园欺凌的机制不够健全

从学校方面来看，乡镇小学虽然已经采取了一些防控校园欺凌的措施，但仍存在很多不足，具体如下：

（1）校园欺凌相关组织机构欠缺。学校缺乏相关的校园欺凌组织机构专门应对欺凌事件。对于校园欺凌事件，学校的主要做法是班主任负责处理，这种情况主要是针对轻微欺凌事件，情节较严重的则上报到学校，再就是通知家长到学校一起处理。有学者发现由于缺乏专门的预防、教育和惩罚机制，致使校园欺凌未上升至法律议题，专门预防和干预校园欺凌的组织机构缺乏，学校、学生、监护人的责任不明确，缺乏有效的防控体系，使得校园欺凌的治理仅仅还停留在学校层面教育的事件[1]。而对于校园欺凌事件，学校应当成立专门防控校园欺凌的组织机构，既要包括校长，分管德育、安全的副校长，也包括班主任、任课教师及学生家长，负责制度的建设、执行与监督[2]。若对校园欺凌事件没有专门的组织机构加以甄别，学校和教师总是把欺凌事件当成学生之间的玩笑和打闹，那么很容易出现类似"中关村二小"的欺凌事件，对被欺凌的孩子造成难以磨灭的心理创伤，令孩子的父母痛心疾首。

（2）危机干预系统不健全。校园欺凌从预防、发现到处理，应该成为学校的系统工程。面对欺凌，单靠教师的力量是远远不够的，只有调动全校师生共同的力量才能尽早发现、尽早干预、尽早处理和保护。乡镇小学的留守儿童颇多，且大多数留守儿童的心理脆弱，情绪波动也较大。在处理校园欺凌事件时，未对欺凌者进行有效的处置，达不到威慑欺凌的效果，那么欺凌者的欺凌行为还可能会再次发生；对被欺凌者未进行有效的心理疏导，消解其心中的恐惧感，那么可能会导致一些极端的事情发生。因此，除了加强法制教育、安全教育、反欺凌专题教育之外，学校还应建立一套危机干预系统，制定校园欺凌事件的应急处置预案，包括让学生熟知校园欺凌事件救助电话，确定相关责任人，专项治理欺凌事件。在处理的过程中还要及时通报、及时追责以及监督整改。最重要的是"落实"，如果落实不到位，再完善的制度政策都起不到应有的作用，对被欺凌者起不到保护作用。

从心理学上来讲，欺凌事件是一种人际关系攻击的行为，影响较大，会使被欺凌者高焦虑、低自尊，甚至出现情绪低落和深度的悲伤情绪。被欺凌的经历会使学生感到害怕和被孤立，若得不到及时的干预还会导致严重的心理疾病，甚至升级为更大范围和更严重的冲突事件。因此，一旦发生欺凌事件，学校一定要及时进行干预，这就要求学校首先要健

---

[1] 尹力.我国校园欺凌治理的制度缺失与完善[J].清华大学教育研究，2017，38（4）：101-107.
[2] 王祈然，陈曦，王帅.我国校园欺凌事件主要特征与治理对策——基于媒体文本的实证研究[J].教育学术月刊，2017（3）：46-53.

全危机干预系统，才能更好地控制欺凌事件的发生。

（3）未制定防控校园欺凌的长效策略。对于校园欺凌，学校必须有长期安全计划和防控校园欺凌的长效策略。这项工作做得好，不仅能有效防控校园欺凌，对学校的整个教学和课堂质量都有提高的作用。校园欺凌的发生并不是偶然，这和学校存在让欺凌产生和发展的土壤有关。

首先，学校"唯分数论"有意无意间制造了一批学业上的失败者。国内有一项专项研究发现，一个片面追求学生学业成绩的学校会令部分学生产生挫折感、失败感，从而制造了欺凌者。因此，欺凌行为的发生，学校是有一定责任的。挫折产生攻击，儿童在学业上屡遭失败，在学业上达不到他们想要的成就，那么他们就会在其他地方寻找存在感和价值感，而欺凌比自己弱小的人就可以让他们获得成就感，这样的欺凌者本身是学业上的失败者。再者，学校教学内容缺乏吸引力，学生就容易找点其他事情做。学校的课堂不够吸引孩子们的兴趣，部分无聊的孩子只好去找点事情做，有的就喜欢上了招惹别的同学，为学校的欺凌行为埋下了隐患。学校的规章制度没有发挥协助教育的功能。学校的墙上、教室或者办公室都有学校的规章制度，然而学生却认为这是成人制定的，跟自己没有多大关系，因而不能对学生起到很好的约束作用。

其次，校园内师生之间沟通不足也容易导致欺凌产生。北京师范大学教育学部石中英教授从学校的改革方面表达过自己的观点，他认为学生之间欺凌行为的发生，就在一定程度上说明了学校中的人际关系，特别是学生之间的关系的变质，预示着校园人际关系，特别是学生之间关系的一种危机。如果要预防欺凌和解决欺凌问题，就要直面校园中的师生关系和生生关系，建设校园和谐的人际关系，这也是解决校园欺凌的一项根本性的举措。另外，教师之间也要学会合作，在教育态度上要保持一致，发现欺凌问题要及时协调，这就要求有团队精神。

最后，未顾及学生在学校场域内的体验感。学生最怕感觉到不公开和不公平，孩子越大越要求公平公开，他们觉得只有公平公开才能真正保护自己的权利。因此，一旦发生欺凌事件，学校需要及时处置，并且还要处置得公平、公开、透明。如此，一来学生就知道"在这个问题上处罚很严重，我不能去犯这个错误"；二来学生知道学校是站在保护弱者的立场和角度来帮助他们，这些学生知道自己的背后有学校做主，知道自己遭受欺凌也会有学校出面解决，自然而然会在学校感受到安全；再加上旁观者若是看到自己因为仗义出手而拯救了被欺凌者，使欺凌者得到了应有的处罚，打击了欺凌者的嚣张气焰，那么旁观者也会觉得自己的正义得到了赞许，那么学生在学校场域内的体验感就会上升。

2. 教师对校园欺凌的危害重视不足

在调查中，28.35%的被欺凌者被欺凌时觉得委屈，14.05%的被欺凌者感到害怕，担心自己还会被欺凌，12.63%的被欺凌者心里很生气却又不敢有实际行动。一方面，这些被欺凌的学生总是处在委屈、害怕和连愤怒都不敢表达的不良情绪中，长此以往导致他们的心里备受折磨。另一方面，学生在学校遭到欺凌后，学生首选告诉老师。但是笔者从访谈教师时提及面对学生诉说自己被他人欺负时教师怎么处理的回答获悉，大部分的教师向欺凌者和被欺凌者了解相关情况后，认为是学生之间的小打小闹，是开玩笑，一般只是口头教育欺凌者，叮嘱其不能再犯类似错误，然后要求欺凌者给被欺凌者道歉，再就是劝导被欺凌者走出阴影。殊不知这样的处理方式会让被欺凌者感觉自己的事情没有得到解决，反而觉得老师认为自己小心眼、想不开。这样处理不仅不能疏导被欺凌者的情绪，反而加重被欺凌者的心理负担，造成较差的情绪体验，导致身心备受折磨和低自我效能感，危害身心健康。

另外，校园欺凌本身隐蔽性很强，欺凌的危害也难以引起教师的重视。主要表现在以下方面：第一，欺凌的数量隐蔽。前面了解到，有46.78%的被调查学生都曾遭受过校园欺凌。可是从前面对教师的访谈中，教师了解到的非常少，这二者的比例相差悬殊，也就是说很多欺凌现象教师并不知情。第二，欺凌时间段和地点隐蔽。欺凌大多发生在课余的教室、走廊，分别占62.53%和36.36%。这个时间段处在教师监管的视线范围之外，这本该是课余同学之间交流和休息的地方，竟成了欺凌发生的高发地。第三，欺凌的方式隐蔽。欺凌方式占比最高的是言语欺凌，包括24.1%起绰号嘲笑别人，20.49%辱骂以及6.31%恐吓威胁。言语欺凌属于间接欺凌的一种，由于对被欺凌者不会造成表面上容易发现的伤害，非常难被发现，但却会给被欺凌者的心理造成巨大的恐慌和焦虑不安。教师对于这种现象一般都是口头教育为主，很难起到良好的控制作用。虽然19.85%的身体欺凌是肢体欺凌，主要是踢、推或打的欺凌方式。笔者在对教师的访谈中了解到，教师对于踢或推的现象一般都是口头教育为主，只有发生打架斗殴现象才会严厉地教育，发生了较严重的身体伤害，比如破皮、流血、皮肤青紫等外显症状才会通知双方家长来学校一起处理这个问题。由此可见，欺凌的数量、时间段和地点以及欺凌的方式都具有非常大的隐蔽性，造成学校和教师难以发现，短期内往往又不会造成重大影响，因此，其危害难以受到学校的重视。

3. 学校尚未形成防控校园欺凌的合力

学校未充分发动师生的力量形成抵抗欺凌的合力。旁观者是欺凌行为的重要见证，也是合力制止欺凌防止欺凌蔓延的中坚力量，教师是防控欺凌的重要力量。在欺凌行为中，仅29.25%的学生选择帮助被欺凌的同学，3.22%的学生会把欺凌者跟被欺凌者拉开。可见学校对发动旁观者共同参与抵抗欺凌的力量不足。另外，教师参与抵抗欺凌的力量尚未完全调动，无论是被欺凌者还是旁观者，他们摆脱欺凌或制止欺凌的方式均首选告诉老师，可见教师在应对欺凌行为中有重要作用。但是，学生选择的应对方式与教师应对的欺凌情况并不成正比，这说明欺凌防控的力度尚不足，学校尚未把抵制校园欺凌的观念传递给校园中的每一个人，也未让广大师生参与到抵制欺凌的活动中，因而未形成有效抵制欺凌的合力。

综上所述，学校对校园欺凌防控的不足是导致欺凌普遍发生的重要因素。校园欺凌问题普遍存在且危害学生的身心健康，由于其外显特征不明显，难以引起学校对校园欺凌危害的重视，因而学校预防欺凌的意识和相关的制度建设还有待健全。学校是儿童学习和生活的重要场域，学校应当创设平安的校园环境，积极预防、有效制止欺凌行为的发生。因此，学校制定有效的防控校园欺凌策略是解决校园欺凌问题的重要举措。

四、乡镇小学校园欺凌学校防控的优化策略

乡镇小学存在着严峻的欺凌问题，学校应在这个场域中发挥关键的作用。学校是核心的防治主体，也是最早发现校园欺凌，可以有效制止欺凌，防止欺凌扩散、蔓延的场所。引导学生树立反欺凌意识，提高教师处理欺凌事件的能力，以及建立以学校为主的防控机制非常有必要。在参考英、美国家学校防控校园欺凌的经验中，研究拟构建以学校为主体，学校、教师、学生三维一体的防控体系。

（一）综合预防：重视教育宣传和环境建设

1. 扩大校园欺凌的宣传覆盖面

通过各种形式展开防控校园欺凌的宣传，确保全校师生了解校园欺凌的有关知识，掌握应对校园欺凌的方法。如：法制宣传、生命教育、关怀教育。加大对教师应对校园欺凌的培训力度，把反欺凌教育渗透到日常安全教育和教学活动中，确保每一位学生熟知防范欺凌的应对方法。充分发挥学校心理咨询室的疏导功能，即学生遇到欺凌问题除告诉教师以外，还可到学校心理咨询室进行心理咨询。无论是对欺凌者抑或是被欺凌者都要耐心地倾听，及时劝解和开导。还可以通过班会或学校集会的形式进行欺凌专题教育，确保校园欺凌宣传覆盖到全体师生。

（1）将预防欺凌教育纳入日常安全教育模块中。首先，将预防校园欺凌纳入开学安全第一课，可起一定的警示作用。校园欺凌的发生没有时间的限制，因此，无论是春季还是秋季开学的安全第一课，都应把预防欺凌教育放在安全常识中讲解给学生听，让学生在开学之初就牢固树立预防欺凌的意识，增强学生应对欺凌的能力。其次，定期开展预防欺凌专题教育活动。学校定期对班主任进行培训，让班主任掌握预防校园欺凌的常识，将其融入班级的日常教学活动中，并组织学生进行预防欺凌知识方面的搜集、整理，与同学之间交流，以小组手抄报的形式设计丰富的内容张贴于教室的墙壁上，供观赏学习。最后，进行反欺凌主题情境表演。教师设计不同的情境，如在教室、走廊、楼梯间和操场等场所，学生分别扮演欺凌事件中的三个角色，模拟规定的情境进行表演。之后再交换角色和身份，分别体验自己作为欺凌者、被欺凌者和旁观者角色时的心情。表演结束后跟班上同学分享自己扮演每个角色时的心路和感受。这类活动旨在让学生学会换位思考自己作为欺凌者时的趾高气扬、作为旁观者时的若无其事和作为被欺凌者时的孤立无援，以达到让学生明白欺凌他人是不道德行为的目的，旁观者的若无其事不但会助长欺凌者的气焰，而且会造成被欺凌者的孤立无援，加重被欺凌者所受的伤害。在体验到被欺凌时的孤立无援后，学生学会与同学和谐友好相处，并磨炼自己坚强的意志，培养出勇敢的品格以应对欺凌行为。

（2）加强学生的道德教育，正确地评价学生。帮助学生树立正确的道德观，消解欺凌他人的想法。一个人的认知及行为方式是由其道德水平决定的，学校应当帮助学生加强道德素养，落实立德树人任务。帮助学生树立正确的道德观念，能够分辨是非，自觉屏蔽身边不良价值观的引导。欣赏和接纳身边的每一位同学，主动融入学生的群体之中，这样比通过欺凌他人的方式得到的存在感更加长久，也更有意义；其次，为学生提供多种学习的途径，鼓励学生多读书，丰富自己的内心世界，充实自己的心灵，这样即使学习成绩没有提升，也会弱化欺凌他人的想法。再就是要改变评价学生的方式，不能仅仅以分数来判断一个学生的好与差。留守儿童原本就缺乏父母的监管，也缺少父母的关心和呵护，部分留守儿童的学业成绩较差令他们自己也处于苦恼之中。换而言之，他们由于缺少关注和关爱，内心感到孤独和不安，也无法集中精力去学习。这时若对他们放任不管或贴上标签，无疑会把他们推上欺凌他人的道路。因此，应正确地看待学生，给予他们正确的评价，如"你即使不是成绩最好的，但确实是最努力的"或者"你是最勤快、最认真的"之类，肯定他们对知识的劳动付出。正确地评价学生，学生则会认为自己原来一直被关注，自然而然也会对自己的行为有所约束，减少欺凌他人的想法。

（3）帮助学生掌握应对欺凌行为的方法。学生之间首先应该多交流，学会与他人和谐共处。一方面对自己的身心健康有利，可以跟同伴倾诉自己的苦恼，宣泄负面的情绪，能够消除孤独感和郁闷感；另一方面可以避免自己经常落单，成为欺凌者盯上的对象。就算被欺凌者盯上，身边也有同学朋友支持和帮助，可以避免自己受到伤害。其次，小学生的心智尚不成熟，意志也不坚定，遇到问题往往选择自己默默地承受。被欺凌者多数都具有孤僻、胆小、内向性格特征和自卑的心理，这在一定程度上助长了欺凌者欺凌他们的气焰。目前由于缺乏专门的法律法规治理校园欺凌现象，加上中小学生是未成年人，一些学生认为自己受到国家的法律保护，于是便肆无忌惮地欺凌他人。所以要帮助学生特别是被欺凌者树立反欺凌意识，在学校受到欺凌首先要寻求老师和同伴的帮助，被欺凌后要及时宣泄心中的负性情绪。再就是遇到欺凌要勇敢地说"不"，自己绝不做"沉默的羔羊"任人欺凌。还可以通过其他方式，比如匿名举报，揭发欺凌者的恶劣行为，让其得到应有的惩戒和约束，从而减少对自己的伤害。

2. 营造温馨舒适的校园环境

文化能滋润心灵，也能够弱化欺凌想法，包括打造充满关怀、优美的校园环境，营造积极、向上的班级文化。一方面，学生一走进校园就受到校园环境的熏陶和感染，优美的环境可以陶冶人的心灵，让人心神宁静。打造关怀的校园环境可以让孩子们学会关心、尊重他人，以乐观积极的态度面对同伴和学习，消除欺凌滋生的土壤。另一方面，学生一天中大部分的时间都在班级中度过，班级文化、班风、班级环境深刻地影响着学生性格和品格的养成。有研究表明，欺凌行为出现的概率是可以降低的，只要教师、学生共同努力创造富有团队精神的氛围，那便是团结向上、为了共同目标而积极奉献的精神氛围，在这样的氛围中，每个孩子都相信自己是有价值、有能力的人，他们具有服务精神，并且可以用非暴力的方式解决冲突[①]。在这种积极向上的文化熏陶下，欺凌不会滋生，更不会蔓延。

（二）系统干预：欺凌过程的处理与约束并重

学校对校园欺凌的处理要具有威慑力和约束性才能让欺凌行为得到有效控制。除此之外，也要关注欺凌的后续影响，既要处理也要反馈，将欺凌行为彻底地遏制。

---

① 科卢梭.如何应对校园欺凌[M].肖飒，译，上海：华东师范大学出版社，2017：229-230.

1. 对欺凌事件及时进行干预

（1）及时对欺凌行为进行干预。校园欺凌事件一经发现，立刻干预。欺凌一旦发生就及时进行干预可以有效减少欺凌事件的影响。首先，班主任和任课老师及时进行干预，因为他们离学生最近，也最了解学生的情况，能够给予学生最及时最有效的保护，无论是从时间还是从情感上，他们最容易调动和发动学生，干预欺凌也最快捷有效；其次，各年级组、教研组以及校领导协调干预，对欺凌情况进行评估，给予必要的协调支持；最后，心理教师及时进行心理干预，根据学生的实际情况评估是否需要向相关医疗机构和人员转接。对于处于欺凌危机中的学生，最需要周围人的理解和支持，因此在欺凌发生后，要对欺凌进行积极的干预，取得儿童的信任，及时化解其心中的负性情绪。

（2）积累应对校园欺凌的经验。学校积累在校园欺凌事件中应对的经验，有助于再次遇到同类事件的有效应对，包括对校园欺凌事件的现场处置，与各方的沟通和协调，以及安抚欺凌双方的心理，与双方学生家长和学校协调应对。教师通常是学生发生欺凌事件的首要求助人，也是第一负责人，教师承担着比较大的责任。因此，教师要具备对校园欺凌的应急处理能力及与家长和校方沟通协调的能力。教师若对欺凌的处理不当可能会带来负面的效果，比如对被欺凌者的二次伤害，激化欺凌者与被欺凌者的矛盾、家校矛盾等。因而，学校应积累应对校园欺凌的经验，包括欺凌事件处置后欺凌者与被欺凌者的反应，是否取得了良好的沟通效果，哪些方面还有待加强。建议学校组织教师阅读一些教育学与心理学方面的书籍，主动查阅校园欺凌方面的案例分析，吸取经验，学习如何作出更有效、更及时的应对。

2. 提高学校处理欺凌事件的威慑力

对欺凌事件严厉的处置可起一定的威慑作用。欺凌者实施欺凌行为时通常会选择在老师的视线范围之外，当发现欺凌行为时，对欺凌进行有效的处理，有利于避免此类事件的再次发生，并起到一定的警示作用。首先，学校要提高警惕性，不能把欺凌当作一般的打闹事件淡化处理。欺凌者若没有得到警示的教育，事后还会形成恃强凌弱、飞扬跋扈和更嚣张的姿态，养成这种习惯后遇到问题通常会用极端的办法处理，于己于人都会造成危害。而当被欺凌者的身心造成巨大伤害时，也会造成他们的认知障碍。每一起欺凌事件的发生并非偶然，能够被报告到教师那里必然是欺凌事件已经产生了一定的外部影响，学校应引起一定的警惕和重视。在处理欺凌事件时，除了注重思想教育和道德感化之外，还要注意传递给学生正确的价值观，从立德树人的角度给予学生长远的人生教导，对欺凌者的行为给予纠正。其次，当遇到学生之间严重的欺凌行为时，及时抚平欺凌主体双方的情绪，了解事情的缘由，做好沟通工作，以防矛盾的升级造成不可控的局面。对发生严重欺凌事件的欺凌者要给予严重警告，并在事后给予一定的关注，防止欺凌者去报复被欺凌者或其他举报的同学。对于被欺凌者应给予心理的疏导和安抚，消除他们的恐惧心理，鼓励他们正确地看待欺凌事件，学会沟通和表达，不要长期沉浸在负面情绪中。

3. 加强学校对欺凌处理的约束作用

学校对欺凌者和被欺凌者均要进行科学的追踪和疏导，以加强对欺凌事件处理的约束作用。先找到欺凌者欺凌他人的动机和意图，找寻背后的深层次原因，再有针对性地进行正面指引，不断弱化其攻击行为，消除欺凌他人的想法，给予其改正错误的机会。帮助欺凌者用正确的、非暴力方法与他人沟通，学会与他人和谐、友好地相处，感受与他人友好交流的乐趣，从而打消欺凌他人的念头。同时，观察被欺凌者的后续情况。一方面，观察被欺凌者是否一直被负面情绪所困扰或者情绪失控；另一方面，特别关注受欺凌后没有任何异常表现、显得过于平静的学生。教师要及时地宽慰、耐心地倾听和进行有效的心理辅导。首先，要取得孩子的信任，让孩子有说出自己受欺凌后委屈、难受的意愿。其次，给孩子发泄负面情绪的机会，不要让孩子的情绪长时间堆积在心里。再次，尽可能缓解孩子的紧张、焦虑、不安和害怕的情绪，引导孩子正视被欺凌事件，消除孩子的恐惧。最后，指导其走出被欺凌、不自信的阴影和困境，回归正常的学习和生活。

总而言之，学校是防控校园欺凌的主要场所，发挥着至关重要的作用。学校主动、积极地对欺凌进行防控，将防欺凌工作做细做全，做到积极预防、及时处理、有效干预和科学追踪，校园欺凌才能得到有效控制。

（三）构建学校、教师、学生三维一体的防控体系

1. 健全学校防控校园欺凌的机制

（1）建立预防为主的综合机制。预防大于治理。首先，学校应每学期定期开展法制教育、安全教育、心理健康教育，定期对学生进行防治校园欺凌专题教育，通过班会、晨会、班级手抄报及校园广播等形式宣传欺凌的类型及应对措施，适当进行法制教育，让学生知法、懂法、守法，坚决遏制漠视他人的尊严与生命的行为。其次，培养学生反欺凌意识，遇到欺凌事件不再默默忍受。教育学生学会与同学和谐相处，知礼仪、明是非，多用礼貌用语。再次，在遭到欺凌时，要及时报告给班干部、老师或学校欺凌事件负责人，遇

到欺凌要敢于说不、敢于反抗、敢于向身边的人求助。旁观者在看到欺凌行为时，应协助制止欺凌，打击欺凌者的嚣张气焰。最后，进行"关心他人"教育。我们知道，社会性是人类的本质属性，人类不能脱离群体而生活。而教育不仅仅是传授他人知识，更是增强我们对生命的感受力，做到珍爱生命、尊重他人、学会关心他人。夸夸身边同学的优点、闪光点，在同学遭到困难、陷入委屈或不高兴的情绪时，为同学排解忧愁，耐心倾听，帮助他们将心中的负性情绪发泄掉，从而消除心中的负面情绪，将欺凌拒之门外。

（2）建立全面干预的系统机制。首先，尽早发现，及时干预。学校应发动学生参与抵制欺凌，对欺凌事件及时上报。学生只要看到校园内发生打架斗殴、欺负他人的情况，无论是否自己班上的同学都要及时报告给班主任或教师，教师应及时赶去处理，情况较为严重可先处理，后上报。教师要给予学生力所能及的保护，只要在学校看到发生欺凌，除及时制止之外，还要及时把孩子送到他们的责任人处，如班主任、任课教师或学校领导，及时上报给分管安全的校领导，不可隐瞒或置之不理。另外，应建立危机干预系统。学校应系统地做好从校园欺凌的预防、发现、处置到事后跟踪的工作。面对欺凌，仅靠教师的力量远远不够，特别是小学生数量较多，教职工数量偏少的情况下，应把学校全体师生调动起来，才可以及早发现、及时处理、有效干预和事后跟踪处理。这就要求及时发现学生所面临的变化和危机，特别留意情绪低落和愤怒的学生，调动班干部及其他同学的力量，发现这些情况后及时上报给教师，教师要及时观察，及时开导、劝阻。同时，对正在发生的欺凌事件，一定要第一时间赶往现场，问明情况后将学生带离现场，待双方学生的情绪平稳后进行思想教育、心理疏导。

其次，严肃对待和处理。一方面，进行现场处理。先找到欺凌事件的目击者，了解欺凌发生的前因后果，有利于学校对欺凌事件情节轻重作出判断；后安抚情绪激动的学生，注意不要在现场急于批评情绪激动的欺凌者，防止现场冲突扩大，事件升级，造成不可控制的局面；再检查学生受伤害的情况，了解受伤的程度，如若情况严重，及时送医治疗；待双方情况稳定后，视欺凌情节严重程度给予处罚。另一方面，实施教育惩戒威慑。对实施欺凌的学生必须依法依规采取适当的措施来实施教育惩戒。如果欺凌者还不知悔改，出现对被欺凌者进行打击报复造成二次伤害或又去欺凌其他学生的情况，有必要实施教育惩戒，以示威慑。对于情节严重的欺凌事件，学校应登记在案，做好相关记录。对造成违法犯罪的学生，学校应及时送往公安机关严肃处理。可见，治理校园欺凌，有必要教育与惩戒并行。

2. 提高教师对校园欺凌危害的重视

首先，学校要提高教师对校园欺凌事件危害的重视。无论是班主任还是非班主任，都要加强对学生的道德教育、安全教育，牢固树立安全意识和反欺凌意识。这就需要学校要求班主任首先要全面了解本班学生的基本情况，加强本班学生的思想教育，引导学生树立正确的价值观；关心学生的心理发展和思想动态，当发现班级中有欺凌他人的思想苗头时，及时给予有效干预，防止欺凌由想法变成行动。班主任是学生安全的责任人，也是校园欺凌事件的负责人，应当在日常教育教学活动中，引导学生不能滋生欺凌他人的念头，而是应把强健的身体和强大的力量用于自我防护和保护他人。其次，教师应知道欺凌与冲突的不同之处，意识到对欺凌事件没有及时恰当的处理会给被欺凌者带来心理上的伤害。除了日常对学生进行安全教育之外，面对校园里发生的欺凌行为时，不管欺凌主体是不是本班学生，教师都应当及时制止，并积极协调处理。从对教师的访谈中了解到，大部分教师还是比较重视欺凌问题，当有学生到教师处反映情况时，能够及时地处理，但多以思想教育为主，或通知家长。建议将应对欺凌事件的能力也纳入教师的绩效考核当中，有助于提高教师对欺凌问题的警惕意识，有利于校园欺凌的预防和应对。再就是学校应高度重视校园欺凌的危害，学生的身心健康发展不容忽视，特别关注有暴力倾向、沉默寡言、成绩下降幅度较大和情绪异常的学生。

3. 发动全校师生形成反欺凌合力

学校发动教师和学生形成反欺凌的合力。学校是防控校园欺凌的主要场所，教师和学生是校园内主要的对象。从学校层面来看，学校发动广大师生共同抵制欺凌，特别是发动学生自觉抵制欺凌，发现欺凌现象及时上报，能够及时有效地制止欺凌。学生一天中大部分的时间都是和同学待在一起，他们是欺凌现象的第一目击者，把学生的力量调动起来，引导学生不能只做旁观者，使学生意识到旁观者的不作为就是对欺凌行为的纵容，会加剧欺凌行为的发生，应在第一时间帮助被欺凌的同学。如果力量对比悬殊，应马上报告给教师或多邀几个班干部一起合力制止欺凌。从教师层面来看，教师应鼓励学生之间友好交往，鼓励学生积极向上，不能滋生欺凌他人的想法。同时，教师也要重视欺凌问题。在学校，教师是学生比较信赖的人，当学生求助教师时，应及时有效地干预，务必让被欺凌者消除阴影和恐慌，将欺凌的影响降到最低。从学生层面来看，要自觉抵制欺凌。这就要求学生自己首先不能充当欺凌者的角色，不能有欺凌他人的想法。其次，在遭到欺凌时，要学会勇敢地反抗。在力量悬殊的情况下可以求助班上同学或其他同学，或是通知其他同学去告诉学校教师，寻求教师的帮助。最后，在目睹欺凌行为时，力量均等的情况下应先帮助被欺凌的同学，力量不均等的情况下，应立即去寻求同学或教师的帮忙。

引导旁观者共同对抗欺凌，形成反欺凌的重要力量。旁观者是校园欺凌行为的目击者，但由于小学生年龄尚小，当他们看到欺凌行为时，他们缺乏勇敢站出来帮助被欺凌者抵抗欺凌的力量，往往也不知该如何帮助被欺凌者。或者说他们也容易受其他旁观者的影响。当其他旁观者选择看热闹或者离开现场，他们往往也不敢自己一个人前去帮助。旁观者有时也会因为自己的能力不足没有帮助他人而感到懊悔和内疚，有的耿耿于怀，感到无助且懊恼以及内疚，心情会闷闷不乐，甚至选择逃避、辍学。这就需要学校对旁观者进行正确的引导，鼓励他们树立正确的价值观，勇敢地帮助被欺凌者。旁观者的力量不可忽视，引导旁观者共同对抗欺凌，能够一定程度上让校园欺凌问题得到有效缓解。

综上所述，一方面，从思想上树立反欺凌意识，并加强这种意识和宣传教育，从学校的预防理念、文化建设及日常教育等方面入手，综合地进行预防，将欺凌的念头扼杀在摇篮中。另一方面，进行系统有效的干预，包括对欺凌事件后续影响的追踪，让欺凌者知道学校对校园欺凌干预到底的决心，也能让被欺凌者在学校感受到安全，消弭心中的恐惧。再就是，构建以学校为主体，学校、教师、学生三维一体的防控体系，学校发动全体师生共同参与到抵抗欺凌的活动中，凝聚抵抗欺凌的核心力量，让欺凌行为无所遁形，得到有效遏制。

第五章　研究个案二：民办中学校园欺凌的教师治理策略研究

一、中学生校园欺凌问题的原因分析

校园欺凌问题的产生也不是某个因素所导致的，而是多种因子相互作用的产物。依据调查、访谈结果，可将校园欺凌问题产生的原因分为四个层次，即个人、学校、家庭和社会。以下就中学生校园欺凌问题产生的原因进行具体阐述。

（一）个人层面的归因

1. 身心发展不成熟

中学生作为校园欺凌事件的主要主体，其身心发展的特点以及成熟程度直接关系到其在处理各种校园关系的态度和行为方式。青少年阶段既是一个过渡期，也是个体身心发展、认知发展和社会性发展的巨变期[①]。这一时期的青少年体力充沛，精力旺盛，凡事喜欢寻求刺激，遇事容易激动，喜欢使用武力。他们个性张扬，喜欢自由独立，老师和家长的教育方式稍有不当，就会激起他们强烈的逆反心理，产生矛盾，甚至对老师、家长产生过激行为。中学生的情绪和情感发展相对不够稳定，他们自控能力差，遇事易冲动、急躁，处理问题不够冷静，遇到外界刺激有时会不顾后果行事。

2. 情绪管理能力差

即将迈入青春逆反期的中学生社会经验不足、抗压能力不足，也是导致校园欺凌事件发生的原因之一。中学时期也是人生发展的重要转折时期，面临着升学的压力，极其容易产生紧张、焦虑、烦躁等不良的情绪，加之本身的自我调节能力比较差，当这种压抑紧张的情绪长时间积压并且达到一定的量时，他们也需要找到一个发泄的方式进行排解，有时候甚至一个小的导火索就会把他们的不良情绪点燃，从而发生一些后果严重的错误行为。

---

①张文新.青少年发展心理学[M].济南：山东人民出版社，2002.

同时，这一阶段的中学生非常重视所谓的哥们义气，常常为了朋友两肋插刀，在这种所谓的"义气"的价值观的引导下，常常产生群体性的对抗行为，也就是我们常常看到的群体性的校园欺凌事件。

3. 同伴的不良示范效应

根据马斯洛需要层次理论，当人的基本需求得到满足后就会有更高层次的需求。人具有归属和爱的需要，中学生也有归属和爱的需要。对处于初中阶段的学生而言，同伴之间的交往也需要归属感、尊重以及同学之间的关爱。在中学生群体中，同伴关系在确立一个人的角色和自我价值方面发挥着重要作用，同伴群体的行为对青少年具有参照作用。同伴之间角色的统一性在很大程度上推动他们不再主动地接受来自父母、老师的意见，而是融入同龄人群体力求与他们保持一致。在他们看来，能够受到同伴群体认可更为重要。同龄人的行为方式极其容易影响他们的行为方式，尤其是一些不良的示范效应对于一些自制能力不强、辨别能力不强的中学生极易被影响。

例如一些同学会去学校周围的网吧、游戏厅、KTV等场所玩耍，很多就是源于同龄人的示范影响。笔者在对山东省某初级中学学生进行访谈的过程中，就曾接触一位沉迷于网络暴力游戏的中学生，该学生这样说道：

"我们学校周围有几个网吧，每天晚上放学以后，就会有很多学生到周边的网吧玩游戏，我也是其中的一个。最开始我并没有去过这类的娱乐场所，因为我们班的几个同学非常喜欢玩一些暴力游戏，经常合作打游戏升级，他们在课余时间经常谈论打游戏的各种经验和技巧，他们谈论的时候我在旁边听到觉得很有吸引力，就很想去尝试，后来就在他们的影响下每天放学后去网吧打游戏，回到家以后也经常熬夜玩游戏。网络虚拟世界的打杀使我感觉非常放松，不用去想那些复杂的数学和物理问题、难懂的文言文和化学方程式等，我越来越沉迷于网络虚拟世界给我带来的快感，甚至觉得那里面打打杀杀的画面很酷，我有时候甚至向往在现实的世界中也能够用相同的方式来消解心中的各种怨气。有一次我与隔壁班上的同学因为一点小事起了冲突，我就下意识地对那个同学拳打脚踢，最后把那个同学的胳膊打得脱臼，我也因此受到了相应的惩罚。我之所以做出这些过激行为，在很大程度上是受网络暴力游戏影响的，最终的结果害人害己。"

可见，同辈群体对于中学生的心理和行为的影响是巨大的。而这一阶段的学生恰恰是处于自控能力差、尚不成熟的阶段，难以很好地控制自己的负面情绪和行为，遇事不冷静、不客观，往往会因为冲动而采取不良的行为和做法。所以，关注同辈群体，对于防范和遏制校园欺凌具有重要的作用与影响。

(二) 家庭层面的归因

家庭是人成长和发展的第一课堂，对中学生而言也不例外，家庭结构、父母的受教育程度、家庭教育方式等对于中学生的健康成长均产生重要影响。通过访谈和问卷调查可知，家庭层面对校园欺凌问题的影响主要有以下几个方面。

1. 家庭结构不完整

家庭结构是否完整对中学生的成长有重要的影响。据调查，单亲家庭、离异家庭以及再婚家庭的孩子在校园欺凌事件中所占的比例与完整家庭的孩子相比更高。单亲家庭环境下成长的孩子通常比较敏感，当与周围的同学产生矛盾和冲突时，更容易采取极端的行为来解决问题。身处离异/单亲家庭的初中生经历了父母离婚的家庭创伤并且在心理方面受到严重的伤害，而且父母离婚之前可能经历了一段比较长时间的家庭冲突，在这种家庭环境氛围下，子女很有可能模仿父母的语言或者行为方面的攻击性行为，而且在自尊心的驱使下，他们也非常害怕自身的家庭情况被同学知道后遭到嘲笑，长此以往，容易出现各种攻击性行为和社会交往障碍问题。再婚家庭的子女比离异家庭或单亲家庭的子女多经历一次心理方面的创伤，因为新的父亲或母亲进入家庭后可能产生新的矛盾和冲突，对于这类家庭的子女而言，他们首先要从心理上接受父母的新配偶（多数情况下子女不能自主选择只能被动接受），其次还要和继父母处好关系，这无疑增加了再婚家庭子女的心理负担，不利于其身心发展，更严重者可能导致心理健康问题，为校园欺凌埋下隐患。在谈到家庭结构对校园欺凌的影响时，一位学生讲述了自己的成长经历：

"我是一位来自再婚家庭的孩子，我的父母在我很小的时候就离婚了，父母离婚以后我就跟着爸爸一起生活，由于爸爸平时工作比较忙碌没有太多的时间来管我，每次我犯错以后基本上就是训斥我，甚至是打我一顿，久而久之我开始变得很叛逆，做任何事情都想和父亲对着干，内心对父亲产生很多怨恨。后来父亲再婚娶了一位阿姨，父亲更是把精力都放在那个阿姨和他们的孩子身上，根本就不管我，甚至有时候我犯错都对我放任不管，有时候只是揍我一顿。我对他们的怨恨得不到排解，因此每天上网玩一些网络暴力游戏，在这种负性情绪和家庭环境的影响下，我的性情变得非常暴躁，常常因为一点小事就对身边的人拳脚相向。我们班里的同学都不喜欢我，每次见到我就像躲瘟疫一样躲着我。我现在觉得我就像一个被人嫌弃的'过街老鼠'一样，不管是家里还是学校，我根本找不到归属感。"

不完整的家庭环境对于青少年的健康成长有着难以预估的影响。处于这种环境下的学生，很有可能对家庭产生"厌恶感"，这种"厌恶感"驱使他们在日常生活中与父亲或母亲作对，这种"叛逆性"加之"不成熟性"也为校园欺凌行为的发生埋下了巨大的隐患。

2. 父母的受教育程度较低

父母的受教育程度与中学生的社会行为具有一定的关联性。一般来说父母的受教育程度越高，学生的问题行为就越少，否则相反。因为受教育程度较高的父母基本上都从事白领工作，工资收入较高，对子女在教育方面的投入以及互动时间较多，其子女可以在较为良好的家庭环境下成长，所以出现问题行为的概率相对较低。相反，受教育程度较低的父母大都从事蓝领工作，工资收入较低，会把更多的关注点放在子女的学习成绩方面，希望通过教育让孩子改变命运。长此以往，反而会对孩子的情绪和心理产生不利的影响。

3. 家庭教育方式的消极影响

父母对子女采取何种家庭教育方式直接影响他们的心理健康程度。校园欺凌的实施者大多是在充满暴力的家庭环境下成长的，相反在充满温暖关怀的家庭环境下成长的孩子心里更加健康和阳光。根据调查，当子女犯错时，家长对孩子采取说理教育方式的占12.5%，选择训斥方式的占29.9%，选择打骂方式的占38.7%，放任不管的占12.7%，其他的占6.2%。可见，父母的相对简单、粗暴的训斥、打骂等教育方式，会令孩子在成长过程中也慢慢习得这种解决问题的方式，当遭遇有冲突、矛盾等的境遇时，也会采取类似的处理方式和手段。

家庭教育中父母与子女之间的交流对于子女的行为会产生重要影响，一般来说，父母与子女之间良性互动的时间越长，他们之间的关系越和谐，他们的心理越健康。在笔者的调研中发现，父母陪伴子女的时间很多的占9.9%，有一些的占18.9%，有陪伴但是不多的占48.2%，没有的占17.9%，其他的占5.1%。可见，大多数父母陪伴子女的时间是比较少的。当子女遇到困难或烦恼时，父母偶尔与子女谈心和沟通的比例为27.6%，经常谈心的比例为21.6%，从来没有谈心的比例为35.8%，每次都会谈心的比例为9.1%，其他的比例为5.9%。

（三）学校层面的归因

1. 校园评价制度不尽公平

目前绝大多数学校强调素质教育和学生的全面发展，但是仍有个别学校并没有摆脱应试教育的桎梏，仍然一味地追求升学率。在这种功利化的价值观引导下，学校评价学生的方式完全以"分数"为中心。这种片面单一的评价方式，致使追求高分数成为学校、教师、学生以及家长的主要目标，一些学校甚至打着精英教育的旗号，把学生按成绩划分成三六九等。考试成绩好的学生被分到"快班"，基础薄弱的被分到"慢班"。"快班"的学生受到来自家长和学校更多的关注,这无形中伤害了"慢班"学生的自尊心,加重了学生的自卑感和自暴自弃的心理。长期情绪低落且得不到心理疏导和排解,积累到一定程度,会令一些学生对老师和同学产生敌对心理,继而开始厌恶学习,给校园暴力埋下诱因。

2. 德育功能未能得到有效释放

部分中学存在重智育轻视德育的情况,过于重视分数和成绩,其他课程被大幅弱化,这对学生的身心发展是极为不利的,同时也为校园欺凌问题的发生埋下了隐忧。诚如我们所知,中学生发育尚未完全成熟,辨别是非能力不高,人生观和价值观正在形成,因此,他们尤为需要德育方面课的程予以引导和规范。但当谈到德育课程这个问题时,一位初三学生说道:

"现在马上要进入到备考阶段,老师为了提高成绩,将音乐、体育、道德课程全部取消,取而代之的是语文、数学、英语等中考有关的科目。每天陪伴我们的就是一些永远做不完的练习题和各种试卷等,同学们都被压得有点喘不过气来,有时候因为一些小事情就会变得很烦躁,但是又找不到合适的发泄方式。有的同学因为中考的压力得不到及时有效的排解而得了抑郁症,不得不休学进行治疗;有的同学因为压力过大没有及时排解,当他们在生活中遇到一些不愉快的事情时,经常会采取一些极端的方式解决,像打架、斗殴、玩暴力游戏等。"

随着学习压力的不断增加,中学生极易受到外界的影响,冲动易怒。当他们遇到一些矛盾和纠纷时不能控制自己的情绪,有可能因冲动而采取过激行为。此时,需要学校及时进行心理辅导和必要的法制教育。因此,切实发挥中学德育课程的功能与作用,对于缓解校园欺凌具有重要的意义与价值。

3. 部分教师的职业道德意识淡薄

教师作为中学生在发展方面的引路人,其语言、行为会对学生直接产生影响,中学校园中经常发生校园欺凌问题,在很大程度上是教师的语言暴力和行为暴力所致。在语言暴力方面,教师在教育学生的过程中有时会不经意通过语言暴力伤害学生,这很可能会伤害学生的自尊与自信,进而令师生关系紧张,不利于良好师生关系的建立;在行为暴力方面,国家相关教育法律法规明确规定教师不得体罚或变相体罚学生,应积极与学生建立亦师亦友的关系,但仍有相当一部分教师对学生进行体罚,打板子、罚站、罚跪等现象时有发生。中学生的自尊心比较强,当他们受到体罚时觉得很没有面子,如果他们将无法反抗教师的情绪转移到其他人或者事情上,这种不良情绪的催化容易使他们与他人产生激烈冲突。在谈到教师对学生的示范效应时,一位同学这样说道:

"他们班有一位任课老师非常严格,每节课上课前都会对学生进行提问,只要回答不上来,老师就会当着全班学生的面对其进行严厉批评,还要学生到教室的后面站一节课。有的学生受不了,在课堂上被老师批评哭,有的是在课后委屈得掉眼泪,这种教育方式很多同学都认为比较伤害自尊心,所以每次上那位老师的课程我们都会战战兢兢,这样也是非常影响课堂的效率。虽然说严师出高徒,但是任何事情都讲究'度',一旦过度就会事倍功半,并不能达到预期的好效果。在课堂上受了委屈的同学,课下情绪多会非常低落,也容易因为一些小事跟同学吵起来,甚至是动手打起来。有的时候为了维护自己的面子,甚至叫来自己的好哥们帮忙打架,这不仅害己还害人。"

初中生自尊心较强,在教育教学的过程中受到的伤害,很可能会令他们产生"逆反"心理。这样不但不能促进学生的学习,反而会使一些学生将不良情绪转移到其他人身上进行发泄。这不仅违背了教育目标,而且还可能间接导致校园欺凌的发生。

4. 校园文化建设不足

当前我国正处于经济社会发展的转型期,文化市场和大众传媒的普及满足了人们对文化多样化的需求,丰富了人们的精神生活。与此同时,文化市场的自发性和传媒的商业性给社会带来一些令人担忧的不良现象,一些不良文化在校园内迅速蔓延开来,例如色情文化、拜金文化、暴力文化、帮伙文化等。学生由于涉世未深,对各种行为不能作出正确区分,可能源于好奇和新鲜感开始模仿相关行为。例如,一些影视作品大力宣扬一些包含着哥们义气的友谊观、极端利己的价值观、不劳而获的幸福观、及时享乐的人生观、称雄图霸的英雄观,这些错误的观念和暴力文化的传播很有可能成为校园欺凌事件的重要催化剂。

(四)社会层面的归因

作为社会群体的一部分,中学生不可避免地要受社会规则以及周遭群体的影响。从宏观的法律层面到微观的社会环境,都对学生的行为产生着重要影响。

1. 校园欺凌相关法律还需进一步加强

我国刑法明确规定:"已满16周岁的人犯罪,应当负刑事责任。已满14周岁不满16周岁的人,犯故意杀人、故意伤害致人重伤或者死亡、强奸、抢劫、贩卖毒品、放火、爆炸、投放危险物质罪的,应当负刑事责任。已满12周岁不满14周岁的人,犯故意杀人、故意伤害罪,致人死亡或者以特别残忍手段致人重伤造成严重残疾,情节恶劣,经最高人民检察院核准追诉的,应当负刑事责任。对依照上述三款规定追究刑事责任的不满18周岁的人，应当从轻或者减轻处罚。因不满16周岁不予刑事处罚的，责令其父母或者其他监护人加以管教；在必要的时候，依法进行专门矫治教育。"我国法律在青少年刑事责任的年龄划定上已存在一定的梯度性特质，这是相关法律建设正在不断趋于完善的重要标志。但从具体内容来看，法规条文的针对性还有待进一步加强。

目前我国尚未制定专门针对校园欺凌问题的法律，对于学生中出现的欺凌行为大多采取道德说教和感化的形式，以感化、教育、挽救为主，尽量从轻处理。校园欺凌事件发生后，如果校园欺凌没有造成重伤、死亡等严重后果，通常情况下学校会在涉事双方家长之间进行协商，司法机构也会尽量避免刑事立案。这些欺凌事件最终常以道歉、赔偿、和解等方式结案，使事件的处理尽量避免留下对涉事人以后产生不良影响的案底。造成重伤、死亡等严重后果时，才会按照《中华人民共和国未成年人保护法》《中华人民共和国预防未成年人犯罪法》等相关法律规定采取措施进行处理。

在对未成年人刑事责任相关法律法规直接或间接了解程度的调查中发现，11.2%的人了解很多，14.5%的人只有一些了解，不太了解的人数占44.4%，而不了解的人占23.7%，甚至还有6.2%的人一点也不了解。以上数据表明超过一半的学生对于未成年人刑事责任相关法律并不了解，更不懂得自己的行为会造成什么样的法律后果，甚至应负哪些刑事责任。这对于防范校园欺凌是非常不利的。

2. 社会不良环境的恶性影响

社会环境是中学生成长过程中必然要接触的环境，随着媒介的发展，中学生接触社会的途径和方式更加多样化，他们接触的暴力视频、犯罪事件也更加多样。青春期是容易对新鲜事物产生好奇心理的阶段，对于社会中新鲜、刺激的事物都想去尝试和体验。他们的身心虽然相对于少年时期更加成熟，但是在辨别是非、抵御不良诱惑方面还不够成熟，在其他不良社会风气的影响和诱导下很容易走上犯罪的道路。在笔者对中学生接触打斗、杀人等网络游戏、不良视频等的调查中发现，经常接触这些不良视频或游戏的学生比例约为41.2%，不频繁接触的学生比例约为23.3%，偶尔接触的学生比例约为24.8%，从来没有接触的学生比例约为6.1%，其他的占4.6%。在谈到学校周围社会环境的问题时，一名学生结合他们学校周围环境的亲身感受和经历说道：

"我们学校周围的各种设施比较完善，同时形形色色的社会人员也比较多，周边的网吧老板经常诱导我们去网吧上网，像免费提供吃喝、赠送各种游戏纪念品等方式。网吧环境复杂，网吧里面的社会不良青年经常向我们传播一些具有暴力倾向的游戏，有时候还能看到一些不良青年因为玩游戏在网吧中打起来。在打架中取胜的人还向我们炫耀他们的战果，言语之间向我们传递各种暴力倾向的行为。在他们的影响下，那些经常沉迷于网络游戏的学生在学校与同学发生冲突时，也会效仿网吧的不良青年，做出群体性的暴力欺凌行为，给周围的同学带来不良的影响。"

学校周边环境对中学生的成长与发展发挥着重要的"潜移默化"的影响。对于那些自制能力和自我调节能力差的中学生来说，不良的社会环境就像一个五彩的"大染缸"，足以误导他们的行为，最后使他们误入歧途，成为社会暴力、社会欺凌在校园的现实"模板"。

二、教师是民办中学治理校园欺凌的关键节点

民办中学与公办中学相比，最大的不同在于它的体制。民办中学相对来说有更大的管理自主权。据不完全统计，民办中学大多是家族式或企业式的管理模式，主张服务教育，为学生提供更好的教育品质是其宗旨。在这种服务教育理念倡导下衍生出的军事化、保姆式的管理模式，为优质教育提供坚实的保障。其中，民办中学的教师是该管理模式中必不可少的执行者。多数教师不仅是各学科的授课老师，而且还是学校各岗位的管理人员，身兼数职。作为授课教师身份，与学生沟通交流时能够及时发现学生的问题；作为管理教师身份，可以依靠身份的便利，制定出符合师生需求的管理措施。民办中学教师的多重身份为校园欺凌治理带来了助力，可以说，教师是民办中学治理校园欺凌的关键节点，他们是民办中学校园欺凌的事前预防者和控制者、事中协调者和干预者、事后安慰者和处理者。

（一）教师是民办中学校园欺凌的事前预防者和控制者

毛泽东在《论持久战》中提到："凡事预则立，不预则废。"这句话告诉我们做事提前做好准备的重要性。在校园欺凌治理这件事上，做好准备既可以预防大多数校园欺凌事件的发生，也可以控制欺凌发生时的形势。预防和控制是治理校园欺凌重要的内容，因此，教师在治理校园欺凌中扮演着事前预防者和控制者的角色。

校园欺凌的预防和控制需要教师的参与，这主要是由于教师是民办中学管理制度的有力贯彻执行者。一方面，教师在学校集中管理制度下进行的各类安全教育，无形中时刻提醒着学生重视安全的校园环境、爱护教师和关心同伴，能起到预防校园欺凌事件的作用的；另一方面，在全封闭式管理模式下进行的学生管理，既能让教师更加细致地了解学生之间的真实相处关系，又能增加师生之间的交流和沟通机会。教师一旦发现了冲突的萌芽，可以及时有效地控制，防止事态扩大，从而让校园欺凌问题无所遁形，有效控制欺凌行为的进一步蔓延。

（二）教师是民办中学校园欺凌的事中协调者和干预者

全封闭式管理是大多数民办中学的主要管理方式。对教师来说，这种形式的优点体现在以下两方面：首先，教师可以统一对学生进行安全管理。学生在教师的视线范围内活动，一定程度上保证了学生的安全。此外，教师还可对学生进行统一的安全教育培训，增强学生的安全防范意识。其次，如若学生之间出现了摩擦，教师也可以第一时间赶到现场，及时了解问题并合理解决问题，防止事态扩大甚至造成校园欺凌的发生。全封闭式的校园环境，让学生能够与教师长时间同处于一个环境中，增强了学生与教师的共同体感受。同时，对于校园欺凌的治理，教师亦能够及时发挥作用，进行协调和干预。

在民办中学，当学校发生了校园欺凌事件时，与学生联系密切的教师尤其是班主任便会及时得到消息，赶到第一现场进行协调和干预。教师处理这类问题的原则是先制止事件发展，再根据事件后果的严重程度进行干预。如果是较轻微的问题，教师一般在自身能力范围内对学生进行思想政治教育。如果是较严重的问题，便会上报给教导主任或者是校长进行决断。教师的作为或者不作为对学生产生的影响是巨大的。当教师对欺凌事件学生的处治力度不够分量，便会让学生不以为意；当教师直接请家长协调解决，无视学生发生问题的原因，便会削弱学生对教师的信任感，影响师生之间关系。教师在处理校园欺凌事件中担任的事中协调者和干预者的角色起到相当重要的作用，担任好这种角色，可以保证事件妥善解决，防止事态扩大，同时也能避免造成更大的伤害，一定程度上维护了校园环境的安全。在处理过程中，教师要注意处理问题的技巧和方法，做到让欺凌学生认识到自己的错误，让被欺凌学生感受到公平公正，同时要尽量降低欺凌学生双方所受到的心理伤害，这样才能达到问题解决的最佳成效。

（三）教师是民办中学校园欺凌的事后安慰者和处理者

民办中学倡导的服务教育在一定形式上表现为保姆式服务，它为学生提供了全面的服务，涉及学生学习与生活的方方面面，这些服务的执行者便是教师，通常具体到各科班主任。班主任与学生同吃同睡，熟悉学生的所有日常起居，这种保姆式的服务能够使教师更加精准地了解学生的性格，与学生有较深的情感交流。当教师把自己当作学生的一员，和学生之间进行深入细致的交流时，便会在无形中产生一种师生之间的和谐关系，这将更加有利于教师找到学生问题的根源，处理学生之间的摩擦。如果能够从根源上拔除，那么零校园欺凌发生率指日可待。同时，教师与学生的长时间朝夕相处，便于教师扮演事后安慰者和处理者的角色。

对于校园欺凌的受害者或欺凌者，如何通过教育避免欺凌再次发生是重点与难点。其中，教师在校园欺凌事件发生后的处理办法尤为关键。对于民办中学来说，教师与学生之间的沟通频繁、联系紧密，尤其是班主任与学生同吃同住，更能及时地觉察到学生的情绪问题。这类优势有利于教师扮演事后的安慰者和处理者角色。校园欺凌给学生造成的肢体伤害是肉眼可见的，但关系欺凌和言语欺凌给学生造成的心理伤害却是极难察觉的。这就需要教师利用敏锐的洞察力去关注到这类学生，通过沟通以及关怀去化解学生心理上的伤害。同时，作为管理职务的教师，如若发现这类问题，应根据实际情况为学校配备心理健康教师，让学生接受正规的心理咨询，疏解学生的不良情绪，缓解学生的心理伤害。通过合理且有效的手段帮助学生减轻心理伤害，帮助欺凌者心理矫正，帮助受害者心理弥补，避免校园欺凌再次发生。

全封闭式的校园环境和保姆式的服务理念给民办中学教师提供了得天独厚的治理优势。民办中学教师独特的优势有利于校园欺凌的防控，民办中学教师的多重身份有利于校园欺凌的全面治理。民办中学教师担任好事前预防者和控制者、事中协调者和干预者、事后安慰者和处理者的角色，可以减少校园欺凌的行为，维系师生之间的情感，一定程度上维护了校园环境的安全。

三、民办中学教师治理校园欺凌现状研究

（一）调查对象

1. 学校简介

六安市Y中学是一所经市教育局批准的寄宿制学校，是一家具备合法办学资质的民办学校。学校占地面积3万多平方米，一期工程新建综合楼约1.2万平方米，配备一流的硬件教学设施，多媒体室、实验室、舞蹈室、音乐教室、美术教室、标准操场齐全。校园远离喧闹，远离网吧，绿树成荫，环境优美，现代化教学手段完备，风扇、空调等生活类硬件设备也是一应俱全，是适合学生学习生活的理想环境。学校实行全封闭管理、小班化教学、精细化服务，独享学习的宁静，是适龄儿童、青少年学习生活的最佳选择。学校设立专职班主任和生活老师队伍，实行以班主任为核心，生活老师联系包保制。医务室为每个学生建立健康档案，并定期体检。校园监控全覆盖，保卫科24小时值班，确保教育教学秩序和师生安全。为便于家校沟通，学校通过家长会、开放日、家访、致学生家长一封信等多种形式确保与家长的交流沟通。

经调查发现，当地公办中学由于升学率不高，招生率近年来呈逐渐降低趋势，导致其学生数量不断减少。由于政府鼓励民办中学发展，以及民办中学教学质量高、管理比较完善等原因，民办中学成为家长的优先选择。

2. 样本概况

Y中学是一所寄宿制民办中学，大多数学生需要寄宿。因考虑到安全问题，一些家长不愿意让女生寄宿，所以学校呈现女生比男生少的现象。调研学生样本包括7~9年级的全体学生共338人，发放问卷338份，回收并剔除无效问卷后为316份，男生198份，女生118份。符合学校男女比例的事实。调查问卷回收率为93.5%。调研访谈对象是14名各科教师，部分教师兼任的管理职位分别为教导主任、办公室主任、办公室副主任。其中有8名为班主任，其他为科任教师。30岁以下的6位，30~40岁的3位，40岁以上的5位。调研教师各阶段年龄分布均匀、新旧老师比例相当，对选取人员进行的访谈可以一定程度上反映出教师治理校园欺凌的现状。

3. 调查工具

（1）调查问卷。通过查阅相关的理论和文献，参考其他校园欺凌的问卷之后，设计出关于校园安全的调查问卷，通过分析学校校园欺凌的现状和师生关系现状等因素，找到阻碍教师有效治理校园欺凌的问题及原因，为民办中学教师治理校园欺凌策略提出更好的建议。问卷结构如下：

问卷共有29道问题，分为四个部分：第一部分为第1~10题，主要了解初中学生基本情况，包括个人年龄、性别、家庭情况等；第二部分为第11~15题，主要了解学生人际关系基本情况；第三部分为第16~25题，主要了解校园欺凌现状；第四部分为第26~29题，主要从学生角度来了解师生关系，为校园欺凌教师治理策略提供数据支撑。

（2）访谈提纲。访谈提纲结合研究主题制定，主要围绕教师来开展，重点考察教师在治理中采取的方式以及对校园欺凌的认知等方面的内容。总共选取14位教师采取个人访谈形式进行访谈，每位老师15分钟左右，并根据教师的课余时间随机进行。

（二）结果分析

1. 校园欺凌现状

（1）学校校园欺凌发生的主体。从校园安全问卷中可知，校园欺凌发生人数为161人，校园欺凌发生率为50.95%。

从图5-1可以看出，发生校园欺凌的161人中，仅为受害者的有43%，仅为欺凌者的有17%，既是受害者又是欺凌者的有40%。由此可见，受害者占据校园欺凌群体的主要部分，数量是欺凌者的两倍以上，这证明校园欺凌问题是普遍存在的。在校园欺凌发生主体中，有将近一半比例的人既是受害者又是欺凌者，欺凌角色的交融折射出校园欺凌事件出现的反复性。校园欺凌问题必须扼杀在摇篮里,才能保障构建一个和谐安全的校园生活与学习环境。

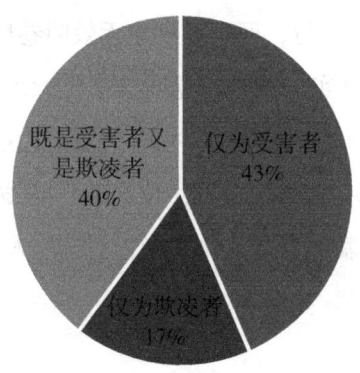

图5-1 校园欺凌发生主体比较

(2)遭受校园欺凌的次数。从图5-1可知校园欺凌的发生主体中17%属于仅欺凌他人者,并没有遭受欺凌,剩余的人都遭受过校园欺凌。

从图5-2可知,遭受校园欺凌的次数,1~2次占比35%,比例最大;2~3次占比14%;3~8次和8次以上的比例相当,说明仍然有小部分同学遭受校园欺凌较严重。校园欺凌如果不加以控制,容易使1~2次的欺凌发展成3~8次和8次以上的。可见,治理校园欺凌刻不容缓。

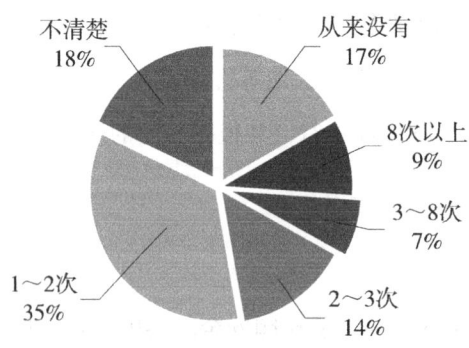

图5-2 遭受校园欺凌的次数

(3)校园欺凌发生的场所。从图5-3分析得出,遭受校园欺凌地点当中,教室占比35.82%,是校园欺凌发生率最高的场所;寝室占比29.85%,仅次于教室,教室和寝室的占比远远高于其他地方。教室是学生在学校停留时间最长的场所,而寝室则是学生生活和休息时间最长的地方,所以这两个场所最容易发生校园欺凌。教室课下时间属于高度盲点，教师应该加强预防，在给学生自由放松时间的同时，严格防范和监控校园欺凌。在该校其他密集遭受校园欺凌地点中，走廊占比8.96%，操场占比8.96%，偏僻场所占比8.21%，厕所占比5.97%，其他地方占比3.73%。在不容易监控到的地方如厕所、操场和走廊等，均存在着一定的校园欺凌安全隐患。而这些地方，往往属于监控盲区，也是人为很少能直接监管到的地方，这无疑是给学校及教师一个警示，校园欺凌在此处的发生，其治理难度不得不引起重视。同时数据表明，教室是学生和教师共同使用的场所，教师如果能够在教室多加管理，起到的作用是不可忽视的。

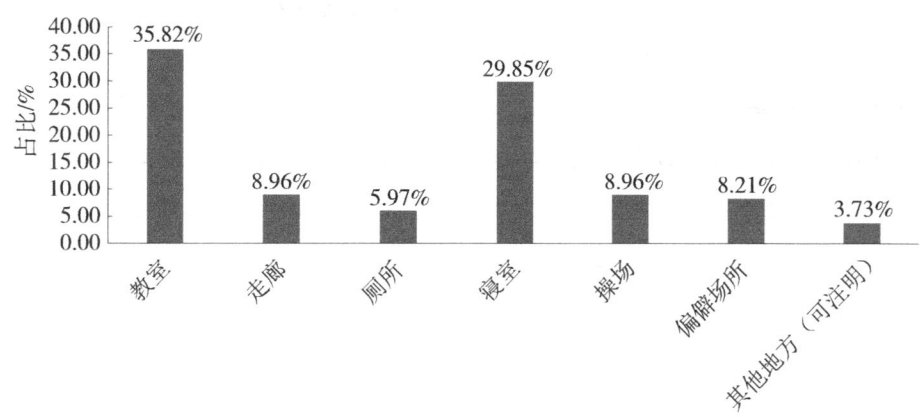

图5-3 遭受校园欺凌的地点

（4）校园欺凌的年级和主要表现形式差异。从图5-4中了解到，校园欺凌发生的概率随着年级的增长，呈逐渐递减状态。调查发现，九年级由于面临中考，管理较七、八年级来说更加严格，学生的心智也相对成熟，所以校园欺凌的受害者相对较少。从图中可直接观察到，在初中全段，占比最高的欺凌表现形式是取侮辱性绰号等；其次是心理欺凌，包括故意忽视、不理睬、群体孤立、排挤；复次是肢体欺凌，包括手打、脚踢、暴露或伤害隐私部位。横向对比各年段情况来看，言语欺凌在七年级最为常见，心理欺凌在八年级最为常见，九年级以肢体欺凌表现居多。而由于该校实行扣分管理制度，值班教师看到学生打架、滋事等，都会进行相应的扣分，所以，在该校的校园欺凌整体情况中，肢体欺凌出现频次相对较少。此外，从各学年阶段来看，九年级学生由于学习压力较大，欺凌形式主要表现为肢体欺凌；八年级学生早已适应学校环境，但仍处于未能妥善处理人际关系的阶段，欺凌形式主要表现为心理欺凌；由于七年级学生还处于刚刚适应新环境的阶段，各方面都相对缺乏自信，欺凌形式多为言语欺凌。整体来看，七年级学生受欺凌较多，欺凌情况较严重。

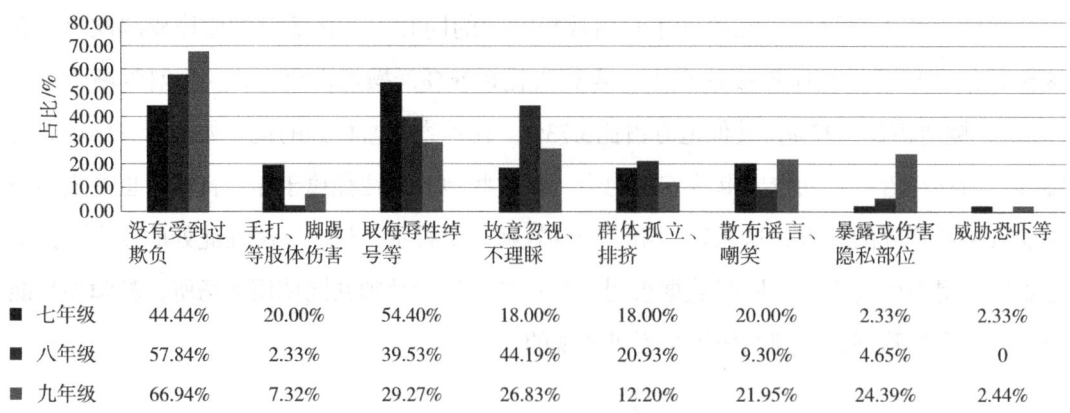

图5-4 校园欺凌年级和主要表现形式

2. 校园欺凌问题

从图5-1与图5-2可以看出，该校存在校园欺凌问题，此问题将会对校园安全造成一定的威胁。同时，从图5-3中校园欺凌发生的地点来看，大多数校园欺凌发生在教师的视线监控盲点之外，这将增加教师觉察和治理校园欺凌的难度。经过问卷数据总结得出，该校存在校园欺凌问题。欺凌问题表现在以下两个方面：其一，欺凌发生主体包括受害者和欺凌者，根据问卷分析可知，有些学生既是受害者又是欺凌者，这反映了校园欺凌产生的恶性循环，即如果不及时治理校园欺凌，受害者被欺凌之后，发现欺凌者可以为所欲为，不会受到严重的惩罚，便会产生报复心理，继续做出欺凌行为，造成更大范围的校园欺凌，而这时欺凌者欺负别人之后，可能又会受到被欺凌者的报复，成了受害者。这样反反复复，校园欺凌的事件可能持续恶化，屡禁不止。为了有效阻止这样的负面功能和恶性循环的情况出现，及时地发现和治理校园欺凌显得尤其关键。其二，从遭受校园欺凌的地点来看，教室和寝室占较大的比例。教室是学生学习的主要场所，寝室是学生休息的主要场所，这两个与学生密切相关的地方最容易滋生校园欺凌，反映了校园欺凌的事件集中出现在学生较为密集的场所。同时仍有一些教师监控不到的地方发生了欺凌，则这些地方需要教师着重关注，例如偏僻场所和厕所等。从这两个方面分析，该校校园欺凌问题普遍存在，学校的教师应引起重视。

3. 校园欺凌主要表现形式

问卷调查数据也反馈出笔者所调查的学校的校园欺凌的主要表现形式有三种，分别是肢体欺凌、言语欺凌和心理欺凌。

（1）肢体欺凌。肢体欺凌是指发生在学生之间，双方肢体力量不对等造成一方或者双方受到伤害欺凌行为。肢体欺凌通常包括学生之间的推搡、踢打或暴露隐私部位等造成的伤害。校园欺凌的肢体欺凌是最常见的形式，它的发生条件门槛很低，简单地说，只要心情不好或者心里有所不满，欺凌者就可以用自己的手或者脚去发泄心中的怒火，而通常那些不爱说话、自卑胆小的同学易被视为受欺凌对象。很多情况下，初中生是通过玩笑的形式开始欺凌的，比如开一句玩笑，别人没有在意，然后就开始动手。调查问卷中的初中生之间经常发生的肢体欺凌主要表现为通过手打、脚踢、推搡、碰撞等形式产生肢体伤害等，或者被强行暴露或伤害隐私部位等。笔者在询问中发现，男生所受的肢体欺凌，有很大部分是被女生以开玩笑的形式用书本砸向头部或者身体各个部位；女生的肢体欺凌主要是被力量较大的同学故意推搡。因为笔者调查的学校是一所封闭式寄宿制民办中学，学校有一套较为完整的管理制度，学生大部分时间都是在班主任或者管理人员的视野之内，考虑到发生事情会第一时间告知父母，害怕父母责骂等后果，所以学生肢体欺凌相对来说较少，但还是占有一定的比例，需要受到一定的重视。

（2）言语欺凌。言语欺凌是指起侮辱性绰号、故意散布谣言、嘲笑等形式造成的伤害。"我不就是开个玩笑吗？至于大惊小怪的吗？大家听着，以后别和这个人一起玩了，开不起玩笑的家伙！"有学生说别人总是喜欢给她起各种难听的绰号，一开始她只是笑笑而已，可是越来越多的人起更多难听的绰号喊她，让她忍受不了，于是她就开始反驳，就出现了前面所述的一幕。现实生活中，往往很多人都会有这样的苦恼，当发生时，并不知道怎么去化解。有时会愧疚，难道是自己错了吗？甚至产生了没有人和我做朋友了等错误想法。久而久之，这类人会成为易被欺凌的对象。这时欺凌者却不自知，不知自己已经对他人造成了言语欺凌。问卷设计中主要包括起侮辱性绰号、嘲笑身高、威胁、恐吓等。言语欺凌因仅发生在口头语言中，没有发生肢体碰撞，所以发生比例很大。例如，学生给患有白化病的学生起"白毛鬼"，对身材矮小一点的同学起"小矮子"等绰号，一些发育较快的女生也会经常被取笑。言语欺凌的起源可能只是一个小玩笑，但长期发生会给受害人造成极大的心理伤害，而心理伤害是不易察觉的。同时，由于一些言语触碰到被欺凌者的底线等，极易造成肢体欺凌或心理欺凌。

（3）心理欺凌。心理欺凌是指被群体孤立、忽视、排挤等形式造成的伤害。内化于心，外化于行。心理欺凌就是内，肢体和言语欺凌就是外，三者有着紧密的联系。心理欺凌通常在无形中给他人造成心理压力，且是欺凌者主观原因故意造成的。笔者遇到的受欺凌学生被威胁不许告诉老师的情况，对于受欺凌者来说产生了心理伤害，它也是在无形中产生的。心理欺凌在问卷中是指由于故意忽视、排挤或者联合其他同学一起的，给受害人造成心理压力或者心理伤害的行为。心理欺凌的特征有两个：特征一是比较隐蔽，聚少成多，是量变到质变的过程。在真实事件中我们经常会发现，一些违法犯罪分子并不是一出生就是坏人，而是小时候沾染了不良习惯，没有及时矫正，产生了心理伤害，于是产生了质变，才酿成悲剧。心理伤害是不易察觉的，甚至被害人自己都不了解，以至于最后做出了一些伤害他人的行为之后才逐渐被察觉；特征二是伤害大，遭受心理欺凌的学生在受到伤害之后，如选择了隐忍，没有及时地排解痛苦，可能也会产生更大的伤害。例如起来反抗，甚至成为欺凌者，或者继续隐忍，带来更深的心理伤害。总而言之，心理欺凌通常造成的伤害比较隐蔽并且长久。调查发现，心理欺凌的比例还是相当大的，它和其他两种欺凌形式是紧密相关的，任何一种形式都可能造成心理伤害。

4. 师生关系现状

（1）受欺凌者的处理方式。从图5-5可知，大部分学生在受到欺凌时都很愿意向教师倾诉，占比61.39%，认为不需要教师帮助的学生占比22.15%，8.86%的学生不愿意告诉教师，7.59%的学生选择了其他。可见，教师并没有赢得所有学生信任，致使教师在治理校园欺凌过程中产生一定的难度。

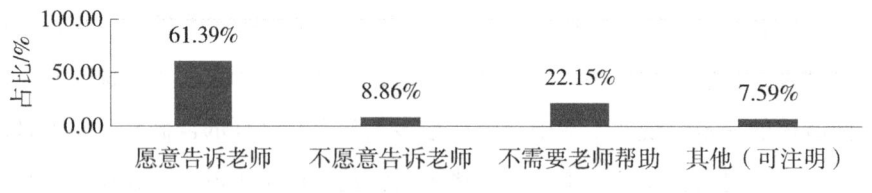

图5-5 受欺凌同学处理方式

（2）欺凌者的处理方式。图5-6中，仍然有55.38%的同学能够及时和老师沟通，认识自己的错误，这对于校园欺凌的防控起到很大作用。但同时需要考虑的是，有45.62%的同学表示不愿意告诉老师或者不愿意得到老师的帮助，这是教师需要反思的部分。调查中更有学生指出，会担心教师将自己的心事告知家长而不愿将其透露出来。这时，学生已经把自己和教师放在了敌对的位置上，这种心理十分不利于教师及时有效地发现和治理校园欺凌，所以教师应当认真思考造成这一结果的原因。

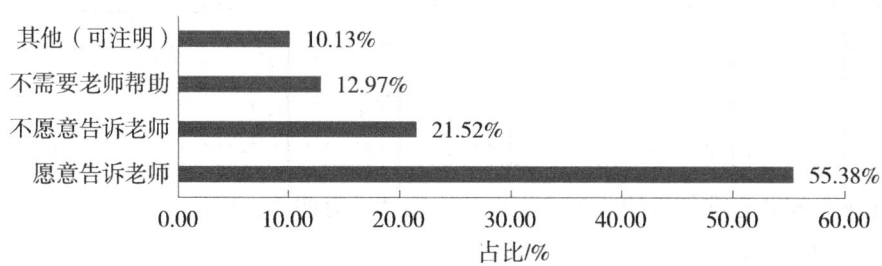

图5-6 欺凌者的处理方式

图5-5和图5-6说明，教师并没有赢得所有学生的信任，这对于教师治理校园欺凌是不利的。此外，无论是欺凌者还是受欺凌者，超过一半比例的学生都选择信任教师，即当他们遇到欺凌时，第一时间告诉教师，寻求教师的帮助，这是必要且需要持续的现象。但最需要关注的是剩余部分的学生，这部分学生因与教师不熟悉或者不信任等原因，不愿寻求教师帮助，加上教师没有及时主动关注学生、了解学生，造成师生之间关系生疏、冷淡的现象，或许是引起校园欺凌事件持续的重要原因。学生与教师之间的不和谐关系，会阻碍教师干预校园欺凌，从而使教师治理难度增加。

5. 教师治理校园欺凌现状

根据访谈记录得出以下总结。

（1）教师主要通过媒体、网络等形式了解校园欺凌。

（2）大多数教师认为校园欺凌发生的原因主要是特殊的家庭情况，尤其留守儿童或者单亲家庭，这两类家庭都会让学生缺少家庭关爱。再者是电视、网络等原因，初中阶段的学生正是价值观塑造的关键时期，较弱的自控能力以及较差的自我约束行为容易使学生模仿电视、网络中的不良行为从而导致了欺凌的产生。

（3）教师意识到校园欺凌带来的危害影响到学生心理健康、校园安全。首先危害到学生。有些学生遭受欺凌行为，会产生自卑或者反抗情绪，从而危害学生心理健康。其次严重影响校园。校园是学生生活和学习的重要场所，学生间的校园欺凌事件严重影响了校园的安全，会影响学校的形象，削弱家长对学校的信任。教师认为，校园欺凌事件的发生也是法治教育缺失的典例。如果校园欺凌不能得到及时制止，学生会由此产生法律不能维护自己合法权益的错误观念。恶性事件更会引起家长和社会的担忧，学校承担着不可推卸的责任。

（4）教师防治校园欺凌的方式主要为多和学生沟通、开班会等形式。例如政治教师和历史教师等，会把法治教育融入课堂，在课堂中向学生传递校园欺凌的现象，引起学生的重视。同时，班主任会利用典型案例，向学生宣传违法行为将承担的法律后果。大多数教师还会选取网络典型事件在课堂穿插讲述。

（5）教师普遍认为自卑内向、家庭贫穷、成绩不好的学生容易成为被欺凌者，而家庭结构不完整、素质不高、性格强势的学生容易成为欺凌者。教师根据自身经验认为：受害者往往是单亲家庭或者自卑、成绩差、体格瘦小等学生，这类学生因外形原因易被开玩笑、起侮辱性绰号，但他们心理上比较自卑，不敢反抗；欺凌者表现为体格强壮、学习自制能力差等学生，这类学生比较强势，容易成为欺凌者。教师认为，男生之间肢体欺凌较多，女生之间心理欺凌比较多。

（6）对于学校发生的校园欺凌，教师以采取思想教育、口头劝阻为主，与家庭沟通和公安机关配合为辅的方式。

（7）教师认为治理校园欺凌力不从心，最大的困难是家庭不配合，还有法律没有明确的规定，让教师处理时较为难。

（8）访谈教师普遍认同教师是治理校园欺凌的关键主体。只要教师加强课间巡逻，多与学生沟通并观察学生，可以及时制止校园欺凌事件和减少校园欺凌的行为。

四、民办中学教师治理校园欺凌的主要问题及原因分析

（一）民办中学发展现状阻碍教师治理的步伐

调查中发现，民办中学教师的教学任务量普遍较多，教师的空余时间较少，这主要是由民办中学发展的现状造成。一方面，由于学校福利待遇不到位以及教师自身原因等，造成了民办中学教师流动性较大、队伍不稳定的现象。为了保证日常的教学质量，留任教师的教学任务量就会相应增加。另一方面，民办学校独有的办学模式下制定的管理制度、作息制度，让教师的空余时间普遍较少。教师的任务量增加，使教师对校园欺凌的主动关注力不从心。教师空余时间较短，留给教师治理校园欺凌的时间也相应较少，以上种种客观现状严重阻碍了教师治理校园欺凌的步伐。

1. 教师教学任务过于繁重

民办中学教师治理校园欺凌力不从心的原因从学校的办学特点可以窥探一二。民办中学普遍存在教育质量优、学校管理好的特点，这使学校的生源越来越好，但这并不是吸引教师的法宝，相反，民办中学普遍存在教师队伍不稳定的现象。为了保证日常的教学质量，学校一方面积极地招聘新老师，另一方面将教学量分摊给留任教师。因此，造成了留任的民办教师的任务量较多的现象。加上教师的绩效和学生成绩挂钩，教师的主要精力通常放在学生的学习成绩上和自身的教学任务上，自然没有过多的时间去关注学生之间的校园欺凌问题。

被调研学校也有一些教师因不满学校薪资待遇和任务量繁重等情况离职的现象。教师因不满薪资待遇而离职导致教师流动性较大。同时，学校招聘新教师也需要一定时间，在周转期间，原本繁重的教学任务量就不得不分摊给留任的老师，这类现象无论对于新教师和老教师都是一种巨大的考验。教师的任务量包括日常的课堂教学，周考、月考等考试的出卷、阅卷以及兼任管理职务教师的管理事项等，几乎占据了教师的大部分时间。尤其是对于一所新教师较多的民办中学来说，在追求高教学质量的压力下，教师的幸福感普遍不

高,因此教师治理校园欺凌的效率自然而然会较低。

2. 教师空余时间相对较少

民办中学教师的任务量较重与教师空余时间较少之间存在一定程度的因果关系。以Y中学政治老师为例,这位教师是七、八年级的唯一一位政治教师,同时兼任教导主任,一周有13节课的任务量,这是所了解到任务量最少的老师。与教师交谈中发现,由于年轻教师流失率较高,所以分摊到每位教师的任务量较重。加上学校的作息制度(表5-1)较为严苛,有些教师为了生活方便甚至全家都居住在学校宿舍里,教师除了处理学校教学事务外,还需要留出时间处理家庭琐事。时间紧、任务重是民办中学教师的常态。因此,大多数教师的空余时间相对较少,留给教师治理欺凌的时间就更少了。

表5-1 Y中学秋季作息表

项目	时长	起讫时间
起床	20	6:20——6:40
早操	15	6:40——6:55
早餐	30	6:55——7:25
早读	40	7:25——8:05
第一节课	40	8:15——8:55
第二节课	40	9:05——9:45
课间活动	25	9:45——10:10
第三节课	40	10:10——10:50
第四节课	40	11:00——11:40
中餐	30	11:40——12:10
午间活动	20	12:10——12:30
午自习+午休	75	12:30——13:45
预备	10	13:45——13:55
第五节课	40	13:55——14:35
第六节课	40	14:45——15:25
眼睛保健操	15	15:25——15:40
第七节课	40	15:40——16:20
第八节课	40	16:30——17:10
晚餐	35	17:25——18:00

续表

项目	时长	起讫时间
第一节晚自习	50	18:00——18:50
第二节晚自习	40	19:00——19:40
第三节晚自习	40	20:00——20:40
第四节晚自习	40	20:50——21:30
洗漱活动	30	21:30——22:00
熄灯		22:00

总而言之，治理校园欺凌的前提是教师能够主动抽出时间留心观察，这种行为本身就需要大量的时间和精力。根据民办中学的发展现状，民办中学教师繁重的教学任务和管理职务，使其空余时间较少，故限制了其治理校园欺凌的时长。

（二）教师的畏惧心理降低了治理水平

校园欺凌法律不健全以及家长不配合等原因，会让教师产生畏惧心理。教师认为自身专业能力不足，加上缺少妥善治理的底气和主动治理的意识，均会降低校园欺凌治理水平。

笔者：您认为治理初中生校园欺凌最大的困难是什么？

教师1：在学校里处理学生问题的时候，我最担心的是家长的不配合。这些学生的父母大多是在外打工，不在孩子身边的，通常请来的家长都是爷爷、奶奶等祖辈，和他们沟通比较困难，经常会袒护自己孩子，让我们很难处理。

教师2：最大的困难是教师没有受到保护。校园欺凌处治法律不健全，如果我的处理出现任何问题，我没办法承担责任。你看电视上也有类似的案例，虽然教师最后被平反了，还是挺憋屈的。我们教师最担心的就是这个，如果学生问题不太严重，能简单就简单，没必要上纲上线的，对吧！

1. 教师缺乏治理校园欺凌的专业能力

说到治理校园欺凌，很多教师都是一脸茫然。在学校中，教师认为教书育人才是自己的本职工作，教给学生专业的知识，让学生考到理想的分数，才无愧于家长所托。教师往往认为学生之间发生校园欺凌问题时，尤其是造成较严重后果的情况，处理权在于学校而非自己。甚至很多教师分不清校园欺凌与学生之间的摩擦和玩笑的区别，认为只有电视上、网络上报道的事件才被定义为校园欺凌，而日常生活中学生之间的小摩擦等并不形成欺凌。造成上述情况的一个原因是教师缺乏专业能力。校园欺凌认知能力和应对能力对于治理校园欺凌的作用必不可少。认知不到位，就无法准确区分出校园欺凌并及时地干预。应对能力不足，就无法恰当地处理好校园欺凌。加之教师本身尚未认清自己在治理校园欺凌中的关键主体地位，没有重视自身干预校园欺凌的价值，仅认为学校没有邀请正规的专家给其培训，就让教师产生了错误的认识，认为校园欺凌与自己没有多大关系了。

2. 教师缺少妥善治理校园欺凌的底气

缺乏专业的校园欺凌知识和能力培训，缺少校园欺凌的临场处理经验，加上无法独自承担处理不当带来的后果，使教师在治理校园欺凌中的信心明显不足。同时在教师访谈中发现，不少教师认为反校园欺凌法律的缺失，让教师处于两难境地，在处理校园欺凌居于被动地位，久而久之让教师萌生出不敢管的心态。这种心态源于新闻报道里的某些事件，比如由于教师的干预不当使学生自杀，涉事教师也付出了惨痛的代价。不能管和不敢管的心态，使教师治理校园欺凌时畏首畏尾，严重降低了治理水平。现实生活中，教师因畏惧心理而放任校园欺凌的情况比比皆是。即使有一部分教师实行治理，采取的方式也相对单一，震慑力度不够。久而久之，教师的自身教学任务过多以及主动治理意识不足，造成教师缺少妥善治理校园欺凌的底气。

3. 教师缺乏治理校园欺凌的主动意识

对于校园欺凌，大多数教师缺乏主动意识，没有把自己当成治理校园欺凌的主人。缺乏主动意识的表现如下：其一，从治理方式上来看，教师治理形式主要通过开班会、抓问题学生教导等方式。治理方法通常是较传统的方式，即在校园欺凌出现后才进行制止，通过典型案例来进行教育，从而达到治理的目的。在这类治理方式中，教师明显处于被动的状态。其二，从治理效果上看，教师认为治理最大的困难是家长不配合，在实际处理校园欺凌案件中，经常出现欺凌者家长以退学为由威胁教师，且教师认为治理校园欺凌没有法律政策的保护，所以也无法有效治理。从效果上来看，教师也是处于被动的地位。下面来看一则事件：

"一个初三男生喜欢一个女生，就经常去打扰女同学的学习，课下拿东西去打或者高声喊她，引起她的注意。女生因不堪其骚扰告诉了班主任。班主任询问班级其他同学和当事女生了解了情况后与让当事男生谈话。男生不理会并且继续骚扰，班主任作出了停课处罚，让家长过来一起解决。而年迈的奶奶来到办公室之后却大声训斥班主任，嚷嚷着要转学，认为自己的孙子受了委屈。班主任向家长解释过后，家长方同意带孙子回家反省，一周后回来上课。"

笔者认为，班主任处理此类事件时，在事件发生过后及时进行了处理，是值得表扬的，缺憾的是没有及时进行预防和做好善后工作，同时因为家长的不配合等原因，处于一种尴尬境地。理解班主任的处境之后，也在反思班主任畏首畏尾的原因是其合法权益并没有受到有效的保护。各科教师更是不会也不敢管此类事件。由于学校的性质和自身的教学任务，让他们形成了这样的思想意识：管理学生不是他们的本职工作，也不属于他们的责任。这样的意识也会让所有的管理集中于班主任的身上，班主任力不从心，加上主动意识不足，所以造成校园欺凌难以得到根治的现状。

（三）师生关系现状进一步加剧了治理的难度

根据个人发展规律来看，初中生正是青春期萌芽的开始，也处于叛逆阶段。而用严格、高压式手段管理学生的民办学校，师生关系会更加紧张与对立，这样造成的后果是学生通过欺负其他同学来对抗教师[①]。由此看出，不良的师生关系导致了欺凌事件的出现，增加了教师治理的工作量。此外，由笔者问卷调查的数据分析得出，师生之间的关系并不融洽，学生对教师的不信任也会使教师很难及时发现学生间的小问题、摩擦等，也无法第一时间关注到学生，给予学生正确的指导，减轻其伤害，这无形中增加了教师治理的难度。因此，不良的师生关系容易造成校园欺凌现象，且影响教师治理进度。故民办中学教师主动构建和谐的师生关系显得尤为重要。但现实生活中，民办中学教师忽视了和谐师生关系的构建，体现在以下方面：其一，笔者在问卷中得出，大部分学生对于教师是信赖的，愿意寻求教师的帮忙。可是，仍有一部分学生认为和老师不熟悉，不需要请求老师帮助，这种想法源于教师没有取得学生的信任，说明教师并没有及时与学生沟通、交流，缺乏主动的意识，因此未能取得学生的信任，造成师生之间的不良关系现状。其二，由于民办中学教师任务繁重，没有过多的空余时间与学生进行情感间的交流，容易使师生之间由于沟通不及时或者不了解产生误会和冲突。可见，教师应高度重视师生关系的维系，降低其对校园欺凌治理的消极影响，激发其对校园欺凌治理的积极价值。

从图5-5和图5-6可知，笔者所在的民办中学师生之间的关系并不融洽，表现在仍然有小部分学生不信任教师，遇到问题时不愿意找老师帮忙。教师并没有赢得所有学生的信任这种情况的持续出现，将会无形中增加教师治理校园欺凌的难度。

1. 教师治理方式单一且缺乏威慑力

笔者：假如学生发生了校园欺凌，您如何处理呢？

---

① 张世麒，张野，张珊珊. 初中生师生关系在心理虐待忽视与校园欺凌间的中介作用[J]. 中国学校卫生，2018，39（8）：1182-1184，1188.

教师1：第一时间制止，同时进行批评教育，找家长和班主任出面，惩罚必不可少。不然会给学生带来不好的影响。

教师2：了解事情始末，口头批评能解决最好，如果不行，就要通知家长，带孩子回家进行反思。

教师3：及时联系家长，与学生沟通原因，视情节行为来处理，一般交给家长和班主任处理。

由以上访谈可以看出，教师在治理中主要采取的是口头警告和思想教育，治理方式比较单一，大多数教师并不把治理校园欺凌作为自己的责任，认为这是班主任和学校管理者的事情，甚至有少数教师不认为教师是治理校园欺凌的关键主体地位。在教师层面，班主任治理校园欺凌采取的方式是通过每周的班会简单地普及校园欺凌相关知识。在学校层面，学校没有聘请专门的教师作为心理教师去解决学生的烦恼，说明学校以及教师都没有意识到校园欺凌的危害。有些教师担心造成更严重的影响，处理学生问题时往往选择避重就轻，多以简单处理为主，没有意识到后期造成的危害。于是当学生看到处理结果不足以使震慑欺凌者时，反而会助长欺凌者气焰，同时造成被欺凌者心寒。因此，无法防控校园欺凌。

2. 教师与学生之间的有效沟通较少

新课程改革中提出，教师与学生之间应当是平等的师生关系。民办中学由于教师压力大、任务重，教师与学生的私下沟通是很少的，师生的情感维系时间严重不足。教师与学生的交流大多数集中在一节又一节的教学课上。当学生有其他问题需要倾诉时，学校也没有专门的心理教室供学生使用，这种长期压抑的情绪未能很好地疏解，容易产生心理问题。

笔者也发现了一个普遍的现象，办公室通常是教师有课才会有人，如果教师没有课，办公室经常是空荡荡的。如果学生有问题的话，很难第一时间找到老师来解决。笔者所在的学校也同样出现这类现象。由于教学任务较重，大多数教师下课之后就回到楼上休息室放松。尤其是科任教师，下课后基本不见人影。学生与教师的有效沟通较少，仅靠课堂之间的交流确实是难以维系学生和教师的情感，故影响师生之间的信任关系。

3. 教师未能真正获得学生信任

新型师生关系倡导师生之间民主平等、教学相长，教师与学生之间的相处应当有如朋友般的信任、亲人间的信赖。从问卷中也得出，大多数同学乐意选择告诉老师，希望老师帮忙解决日常生活中遇到的难题。但也发现教师未能真正获得另一部分学生的信任，还是有不少学生与教师关系一般，遇事也不愿告诉老师。这可能是教师与学生交流不够，产生了一些误解。误解主要体现在以下两个方面：就学生而言，造成学生不愿意主动寻找教师帮助的一个原因在于学生不愿承受家长的批评和责怪带来的压力，这部分压力源于教师处理学生问题的做法基本是直接告诉家长，这种做法使学生不愿相信教师。就教师而言，家长不配合给治理校园欺凌带来了极大的困难，尤其是对家庭教育不当的学生进行管理更有难度，而这类学生在教师的眼中可能更容易发生校园欺凌。师生之间的嫌隙会在无形中增加教师治理的难度，表现在教师未能及时地发现校园欺凌，尤其当校园欺凌刚刚萌芽时，如果学生能够主动告知教师，就能及时地扼制其蔓延。总之，师生关系中只要有一方不主动，都不利于师生关系的维系，不利于学校正常活动的开展。

民办中学的教师由于教学任务过于繁重、空余时间相对较少，以及教师的畏惧心理和师生之间的关系现状原因，导致了民办中学教师治理校园欺凌难的问题。出现问题的主要原因在于教师，教师的不作为成为治理的最大难题。着力从教师的角度来思考和探讨民办中学校园欺凌的教师治理策略，才是解决问题的重中之重。

（四）教师对校园欺凌认识不到位

1. 教师对待校园欺凌的传统认知

教师在面对校园欺凌问题时，通常会因为校园欺凌行为不多或未区分出校园欺凌的真正含义而产生不够重视的现象[①]。以下是与某几位教师的访谈：

笔者：您是通过什么方式观察到学生发生校园欺凌行为的呢？

教师1：对于学生打闹行为，我通常是在平常上下课时留意。对于比较调皮的学生，我会经常和学生谈话。因为我是班主任，对我班的学生还是很了解的。

教师2：最多的应该是日常的观察吧，平时多数都在学校。

教师3：我通常会在班级安插一些"暗哨"帮我监督。

教师4：我没有发现学校有，通常只在电视或网络上看到过校园欺凌行为。

访谈中教师并没有提到校园欺凌，认为笔者说的是学生打闹行为，并且教师通常也只是认为这是学生管理问题，并没有意识到校园欺凌的严重性。教师尤其是班主任是学校中处理学生问题较多的人物之一。在进行访谈过程中了解到班主任或者大部分教师通过网络或者新闻报道了解到校园欺凌，当详细询问校园欺凌的含义时，大多数人认为产生了严重的身体危害或者后果足以引起学校或者政府的重视，甚至是上了新闻的恶性事件才是校园欺凌的事件。对于自己学校中经常处理的学生问题，不认为是校园欺凌的事件，只是把这些当作学生之间的摩擦来处理。对校园欺凌的认知不清晰的现象，将会成为民办中学教师

---

① 徐俊丽. 初中校园欺凌现状调查及对策研究[D]. 开封：河南大学，2019.

治理校园欺凌的主要难度之一。

2. 校园欺凌防治下教师与学校的角色模糊

对于校园欺凌的防治策略，学者从各个角度提出了解决办法，其中最普遍的是学校的防治。学者们呼吁给予学校更多的合法惩戒权，让学校有更多的权力治理校园欺凌。但让人不解的是，教师作为与学生直接接触的一线工作者，却很少被提及。我国学者从学校的角度提出校园欺凌的防治策略时，却很少有单独把教师作为治理的关键主体。究其原因，可能有以下两个方面：其一是教师属于学校的一员，被涵盖在学校的角色与定位下；其二是我国校园欺凌研究还未达到能够把教师与学校区别开来的深度①。这些在民办中学也很普遍，以下是笔者与老师的访谈：

笔者：防治校园欺凌，您自身做了什么准备？

教师1：我就平常多关注问题学生，警告他们不要犯错，然后多找学生进行交流等。学校在教师会议上也进行了宣传，我把这些传达给学生。

教师2：在我值日的时候，我会严格监督学生，做好本分工作。同时，也让学生遵守学校制度。在班会时，我也会强调让学生主动意识到校园欺凌的严重性，不能影响其他学生的学习和生活。

教师3：肯定要防啊，反正按照学校的措施执行就行了。

从教师访谈中也可以看出，教师似乎把校园欺凌看作是学校的事情，只要自身能够配合学校的措施，就可以很好地治理校园欺凌行为。这也与学者们的研究不谋而合。试想如果不把教师作为校园欺凌专门主体的话，那么可能会产生以下后果：教师没有参与治理校园欺凌的专门研究，因缺乏校园欺凌的专业培训而产生了模糊的认知，对校园欺凌一知半解；教师认为校园欺凌都是学校管理人员需要处理的事情，与自己没有关系而缺乏主动治理的意识；教师未能明确治理校园欺凌的权力与责任，就像被捆住了两翼，没有办法施展拳脚。只有让教师正确转换角色，才能合理地干预校园欺凌。

五、民办中学教师治理校园欺凌的优化策略探讨

通过调查发现，校园欺凌治理过程中出现的诸多问题，阻碍了教师在治理校园欺凌方面有效地发挥职能。为此，笔者认为可从以下几个方面着手提升民办中学教师治理校园欺凌的能力。

---

① 彭瑶.论教师在应对校园欺凌中的角色与定位[J].教师教育论坛，2017，30（4）：41-43.

(一)提高教师工作效率,增加治理时间

1. 合理安排日程,高效处理工作

民办中学教师在日常工作中普遍任务重、压力大,这是不可避免的事实,但这不足以成为没有时间治理校园欺凌的理由。教师在实际教学中合理安排自己的工作日程,提高自己的工作效率,这样既可以让教师感受到高效工作带来的成就感,也能够为治理校园欺凌腾出宝贵的时间。鉴于此,笔者结合实际情况,提出如下建议:其一,对于既有行政管理职务又有教学任务的教师,腾出较多时间的可能性不大,但也不是完全起不到对校园欺凌监督的作用,这类教师可以在日常管理的时候多多留心观察,特别是监控盲点等容易发生校园欺凌的场所,应做好重点防控,并结合工作便利制定满足师生共同需求的管理措施;其二,对于仅有单纯教学任务的老师而言,课上留心观察和积极回应学生的诉求,课下与学生保持沟通交往是必不可少的,如若教师能够合理安排时间处理好教学事务、高效做好备课、改卷、改作业等相关工作,那么,他们就能留出更多时间来观察学生、了解学生;其三,对于仅有行政管理职务的教师来说,多注意聆听教师与学生的内心诉求,加强监控盲点的管理,完善校园管理的各项制度,进而达到减少欺凌行为发生的目的。

2. 留出特定时间专门用于治理欺凌问题

治理校园欺凌需要严格的时间规划和管控,只要教师能够意识到校园欺凌治理的重要作用,就一定能留出特定时间来处理欺凌问题。不同职位的教师可以通过沟通与讨论来制定一系列措施。如教师可以尝试开展以下事务:首先,教师主动记录学生情况,特别是对校园欺凌高发场所多巡查、多监督。同时,通过制定合理有序的管理制度,让学生舒心、教师安心、家长放心;其次,精神文化对学生有潜移默化的影响,教师要加强对学生的校园安全教育宣传,并在醒目位置张贴宣传海报。教师可以建议学校引进相关法治读物和反欺凌读物,让全体成员都能够重视校园欺凌,并营造出全体教师和学生共同遵守规章制度的良好氛围;再次,教师作为一线主体工作人员,需主动承担起将法治意识带入课堂的责任。教师可以通过情景模拟、影片播放、欺凌活动现场演示等活动,增强学生的法治意识,勇于对抗校园欺凌;最后,教师应提升自身的法治素养,塑造正确的道德形象示范,积极主动地协调师生关系,扮演好治理校园欺凌的各类角色。

(二)进一步坚定教师的信心,增强主动治理意识

笔者在与教师进行访谈时,发现很多教师都处在深深的无奈之中,主要表现为家长对学生的袒护行为导致教师在处理学生问题时大多只是进行口头警告,以思想教育为主,这

种做法往往纵容了校园欺凌行为的持续发生。只有教师克服现实中的种种困难，突破畏惧心理，担当起应尽的责任，才能更有信心、更主动地治理校园欺凌。

1. 突破教师心理防线，增强信心

内心的惶恐与底气不足是教师畏惧心理的重要表现形式。新闻事件报道中，曾出现过某些极端的个例，导致教师在处理事件时畏首畏尾。同时，有教师坦言，如若在处理学生问题时造成了不好的结果，将会遭到学校的处分甚至影响自己未来的前途。正是这些实际问题，给教师带来了极大的心理恐惧。在常规教学场合下，尽量闭门不谈校园欺凌已经成了学校公开的秘密。这就需要教师能够突破自己的心理防线，才能做到有信心应对和处理校园欺凌事件。教师可以采取如下措施：第一，教师可以搜集关于保护学生和保护教师的法律条文，关注校园欺凌相关的法律规定，来填补自己的法律空缺；第二，教师也可以通过视频或者网课等方式学习处理学生关系的优秀案例，增强实际应变能力；第三，教师可以在教学中，认真做好本职工作，树立良好教师形象，获得作为教师职业带来的使命感和责任感，把治理校园欺凌作为自己的职责，树立治理校园欺凌的信心。

2. 帮助教师实现由"不敢管"向"必须管"的心态转变

只有当教师把校园欺凌治理作为日常教学中必须要做的事情，才能更有效地处理好校园欺凌；只有教师改变自己的角色，变被动为主动时，才能真正发挥作为治理校园欺凌关键主体的作用。教师要时刻谨记自身是治理校园欺凌的重要主体，明白校园欺凌给学生和学校以及社会带来的危害，才能更负责任地关注校园欺凌，预防校园欺凌的发生。教师作为一线工作者，只有树立主体意识，才能第一时间发现校园欺凌，并及时阻止事态的扩大，进而敢于和勇于去处理学生之间的问题，从源头上做好阻断。教师应当严格按照中小学教师道德职业准则要求自己，提升自己的格局，主动学习校园欺凌的知识，积累治理校园欺凌的经验，为治理校园欺凌奠定坚实的基础。教师需要主动参与治理过程，实现从"不敢管"到"必须管"的心态转变。当学校的每位教师都拥有了使命感，在日常生活中发现校园欺凌事件或者有欺凌萌芽时能第一时间主动干预，不推卸责任，不视而不见，不在意同事的闲言碎语，那么，教师就有信心成为治理的主体，依法履行自己的职责和使命。校园欺凌事件并不是每天发生，却会在无形中随机出现，只要教师能时刻牢记自己的使命，正确参与处理，校园欺凌将会逐渐消失在美丽的校园中。

（三）提高教师治理校园欺凌的能力

提高教师校园欺凌治理能力，是治理校园欺凌的关键。教师可以从增强校园欺凌认知能力、积累校园欺凌治理经验两方面入手。

1. 正确辨识校园欺凌，提高认知能力

笔者在访谈中发现，很多教师没有正确区分出校园欺凌，更没有意识到校园欺凌产生的危害。正确区分校园欺凌的性质是教师达到有效治理的基础。教师应当主动学习校园欺凌知识，正确认识校园欺凌，并能够准确鉴别校园欺凌，而不仅仅是止于书本和字面理解，更应该根据学校的实际情况去了解和体会。教师必须意识到自身处理校园欺凌的关键主体性地位，才能树立正确治理校园欺凌的理念，将校园欺凌事件扼杀在摇篮里。教师是治理校园欺凌的第一道防线，如果处理得当，这道防线会更加牢固，反之，突破这道防线的后果不堪设想。教师在闲暇之余，应积累校园欺凌治理经验，学习校园欺凌专业知识，尽可能地让自己成为治理校园欺凌的理论专家。同时，教师应当主动搜集校园欺凌防控的相关培训知识，查阅相关文献，并通过学习其他学校教师处理校园欺凌的经验，提升自己的认知水平。校园欺凌不是束之高阁，而是真实存在于校园中，只有教师正确辨识出校园欺凌，才能实施准确的应对措施，提出合理而妥善的治理策略。

2. 积累校园欺凌治理经验

由于教师没有正确认识到校园欺凌以及缺乏真实治理经验，导致很多教师在面对实际问题时手足无措。为了防止真实事件发生后事态不断扩大，教师就必须在日常生活中积累校园欺凌治理经验。教师在日常生活中的小小举动，甚至可以遏制住一场校园欺凌事件的发展。例如教师在工作之余，多去教室或者走廊巡查，既锻炼身体，又在无形中降低了学生欺凌事件的发生率。教师的走动既可以增加与学生亲近的机会，也可以让学生在遇到困难的第一时间找到老师帮忙和解决。这种工作之余的小小举动，可以为学校创造温馨且有爱的校园氛围。教师还可以通过学习一些校园欺凌事件的优秀案例来充实自己，组织学生模拟校园欺凌事件来锻炼自己和学生的防控能力，发生校园欺凌时，教师就不会处于缺乏经验、手足无措的尴尬境地了。

（四）实施"事前预防+事中干预+事后安慰"的治理方式

教师作为校园欺凌治理的重要节点，在校园欺凌中担任的角色分为三种：分别是事前预防者和控制者的角色、事中协调者和干预者的角色、事后安慰者和处理者的角色。因此，教师治理校园欺凌的具体方式，可以从构建事前预防、事中干预和事后安慰三维联动机制着手。

1. 事前预防：合理运用理论和实践相结合的方法

民办中学教师在应对校园欺凌时，经常出现治理方式单一及缺乏威慑力的问题，主要是由于教师处理校园欺凌事件的经验不足和能力不够，这就需要教师合理运用理论和实践相结合的治理方式来进行积极的预防。关于理论方面的准备，教师可以多学习校园欺凌的预防知识，增加自己的知识储备，积累应对校园欺凌的经验。此外，教师在提升自己的同时，也需要在课堂上适时向学生普及校园欺凌的相关知识。鉴于此，笔者提出以下建议：其一，教师可以在教学任务完成之后，帮助学生了解校园欺凌知识，增加他们对基础理论的认知与了解；其二，利用新闻事件等向学生传递校园欺凌事件的形式以及其带来的恶劣影响；其三，通过设计情景剧，让学生自行想象和模拟校园欺凌事件，明白其中的利害关系。或者，在遇到相关的教学任务时，教师能够配套设计合理的校园欺凌教学环节，每月1次或者每学期2～3次，既不耽误学习，又能使学生产生积极的兴趣。教师需要做到让旁观者去学习和了解欺凌的过程，让欺凌者和被欺凌者意识到自身的行为以及伤害，让学生共同参与讨论，找出解决方案，激发学生的主动性，让学生有参与感，成为责任人，进而减少校园欺凌的发生，对校园欺凌起到有效防控；其四，通过一系列完善的法律知识，能够让学生知晓，受到不合理的侵犯应当用正确的方式维护自己的合法权益，提高学生校园欺凌认知水平。同时，教师要让学生能够区分出真正的校园欺凌，为学生提供充足的校园欺凌理论知识。可从以下两方面做实践准备：一方面，教师鼓励学生勇于倾诉自己在生活中遇到的不合理事件，并为其排忧解难；另一方面，通过组织学生参与真实模拟校园欺凌事件的实践活动，让其拥有深刻的校园欺凌体验，以期能够在未来的校园欺凌实践中作出合适的处理。只有让学生了解校园欺凌的相关知识，才能让受害者正视伤害，敢于维护自己的利益，同时，使欺凌者及时发现自身的错误行为，及时停止不良行为，抑制冲动行为的发生。只有合理运用理论和实践相结合的方法，才能更好地预防校园欺凌。

2. 事中干预：有效选择刚柔并济、对症下药的方式

民办中学教师在治理校园欺凌中缺乏威慑力，主要由于治理方式的选择与运用不当。教师在治理中采取口头警告和思想教育的方式，对于欺凌学生来说就像是隔靴搔痒，没有实际的震慑作用。在治理校园欺凌过程中，提高学生的认知水平，让学生明白和了解校园欺凌的危害，能够通过合理的方法保护自己和他人，是教师治理校园欺凌最有效的方式，故教师具备根据不同学生的特点采取相应的治理方式的能力尤为重要。诚如我们所知，校园欺凌的发生主体在学生之间，而治理主体是教师。如何让教师全方位影响学生，有效降低欺凌发生率，是我们需要思考的问题，也是教师能够有效干预校园欺凌的重要手段。这就需要教师实施以下两个步骤：第一步是了解学生，第二步是采取合适的方式进行治理。首先，教师可以通过心理干预的方法提高学生的认知水平，如通过发放问卷，了解学生的校园欺凌基本情况；其次，在日常生活中，与弱小的同学或者有过倾诉经历的学生多沟通，及时关注。只有得到学生的充分信任，教师才能得到第一手信息，及时准确地了解学生，减少校园欺凌的发生。最后，教师干预校园欺凌时应采取刚柔并济的方式，如若一味地运用强硬方式，则极易产生师生冲突，造成学生用不良的方式发泄情绪，可是一味采用柔和措施，又会对一部分学生缺乏威慑力。这就需要教师在干预时，根据不同学生的性格以及事件的影响程度来区别对待，做到刚柔并济、对症下药，这样不仅能够使学生认识到自身的错误，也能把学生可能受到的伤害降到最低，同时，有效地防止校园欺凌再次发生。

3. 事后安慰：系统建设短期和长期并行的关怀措施

从校园欺凌对学生造成的危害来看，心理危害不容忽视且难以察觉，需要教师高度重视。调查发现，校园欺凌的欺凌者兼被欺凌者占比不小，说明欺凌者与被欺凌者之间的角色发生了转变，进而导致了欺凌问题的持续发生，导致恶性循环。因此在教师的治理措施中，也需要考虑这方面问题，尤其是关注学生的心理伤害，避免学生再次做出不良的行为，造成校园欺凌的循环发生，这就需要采取短期和长期并行的关怀措施。短期来看，校园欺凌发生时，教师需要准确而快速地妥善处理事件，减轻学生的伤害，并且事后需要及时安抚欺凌者和被欺凌者的情绪。学生的情绪如果得不到合理的宣泄，极易导致学生再次对他人造成伤害。初中阶段的学生身心变化较大，学生的情绪也是极其不稳定的，这就要求教师能够根据学生的身心发展规律，充分考虑学生的各类诉求，向学生开设倾诉通道。并考虑到男女生的诉求不同，根据学生性别划分倾诉通道。此外，学校里的教师是一个整体团队，每位教师都应当发挥主动意识，带动班主任或者其他各科教师共同讨论符合学生需求的倾诉通道，让学生的不良情绪能够得到疏解，避免欺凌的产生，事后通过系统建设短期和长期并行的关怀措施，关注校园欺凌的发生主体，让欺凌者和受害者都能够感受到每位教师的抚慰和关怀。

（五）构建和谐师生关系，降低校园欺凌发生率

初中生正处于世界观、人生观、价值观形成的关键期。当教师没有处理好与学生的关系时，便容易发生冲突；当教师没有细致观察学生，用粗暴、高压的方式处理学生问题时，则是导致欺凌行为发生的导火索。所以无论何时，教师都应当提升自己的人际交往能力，处理好师生关系，发挥教师对学生的积极影响，正确应对校园欺凌。

1. 促进师生平等交流，收获学生信任

教师应当主动和学生沟通，平等交往，争取收获学生真正的信任，严格遵循中小学教师职业道德的内容，从自身做起，用爱与热情感染每个孩子，给学生传递积极的期望，让学生产生愉悦的心情。为了做好领头羊的榜样，带领学生一起走向光明且美好的未来，教师可以从以下方面来获得学生的信任：例如设置有趣的教学环节，增强学生和老师之间的

相互了解。此外，轮流参与学生每周的班会，也是学生能够更详细了解到各位教师的有效方法。在课下，教师也可以与学生一起参与课间活动，加强活动交流，或者主动与学生交谈，维系师生情感。教师还应时刻注意自身形象，给学生树立正确的道德形象、文化形象和品格形象，让学生打心里佩服和尊重教师。

2. 实施无责备干预法，拉近师生之间的距离

自2002年起，为了预防校园欺凌事件的发生，德国引入了"无责备干预法"。这个方法的核心是不责备欺凌事件中的任何一方，而是以成立"支持小组"的方式，鼓励其他同学主动帮助被欺凌学生改善处境[①]。校园欺凌发生时，教师通常会第一时间处置欺凌者，使用责骂或者其他强硬的方式。德国专家认为，强硬的方式会让欺凌者在一定程度上产生相应的报复心理，从而加剧校园欺凌事态的严重性。无责备干预法是为了让更多的学生拥有正义感，让更多的学生质疑欺凌者，从而减弱他们的欺凌动力。德国引进无责备干预法之后，超过80%的校园欺凌都得到了很好的控制。无责备干预法对于容易产生冲突的师生关系而言，是非常值得借鉴的，用这种方法处理校园欺凌，可以有效降低校园欺凌的发生率。因为校园欺凌一旦发生，对学生造成的危害是长期的，甚至影响一生。所以教师在日常中处理学生之间的摩擦时，可以参考无责备干预法作出以下处理：校园欺凌发生时，教师对任何一方都不采取责备、严肃责令的方式去处理问题，而是要认真沟通，积极解决，做到公平公正，避免事件再次发生。同时，教师还需要长期追踪，化解学生之间的冲突，拉近自己与学生的距离，真正让师生之间、生生之间做到尊重平等，互相关爱。

校园欺凌问题已经成为全球学校普遍存在的问题，需要各方共同努力，才有可能从根本上将其拔除，因此民办中学教师在现实中也需要担起这份重任。首先，在治理校园欺凌时，教师需要明确校园欺凌的严重性，意识到自身沉甸甸的重任；其次，在发现问题之后，教师要根据实际情况提高自身的素养，强化应对校园欺凌的能力。笔者从调查数据上来看，大多数教师是了解校园欺凌的，并能够意识到校园欺凌所带来的危害及严重性，在日常管理中也采取了相应的治理手段。但由于条件有限，很多教师并没有对学生日常的打闹和校园欺凌作出严格的区分，同时对于校园欺凌的处理方式多数是传统的责骂和通知家长，这样的方式会更加容易引起师生关系的紧张和冲突。尤其对民办中学来说，由于学生的大多数时间都是在学校度过，如此一来，会增加对学生正常生活和学习的影响。因此，民办中学教师应通过提高工作效率、加强治理意识、树立信心、提升自身治理能力和改善师生关系等措施完善校园欺凌的综合治理能力。

---

①冯雪珺.德国中小学采取"无责备干预法"处理校园欺凌[N].人民日报，2020-01-07（18）.

第六章　中小学校园欺凌防控的国际经验借鉴

校园欺凌问题是一个全球性的问题。许多国家从自身的问题与实际出发，积极探索解决问题的路径与方法等，经过多年努力，已经积累了较为丰富的经验。本章将着重介绍英、美、日等国家中小学校园欺凌防控的主要做法与经验等。

一、英国：构建多元主体分工明确、协同参与的校园欺凌防治格局

2015年12月15日，英国教育部在其官方网站上宣布："学校欺凌行为骤降。"[①]这一成果的取得，很大程度上得益于该国在长期治理实践中组建起了一个分工明确、秩序井然的校园欺凌防治体系。该体系由国家政府部门、各中小学、家庭及社会组织共同构成。各行动主体在校园欺凌防治过程中的职能定位不尽相同，在各司其职之间形成合力。

（一）政府出台政策法规，夯实校园欺凌防控的政策基础

英国解决校园欺凌问题的过程中一个颇具成效的举措就是重视政策立法，该任务由中央及各级地方政府共同完成。通过制定和出台有效的政策和法规，确保校园欺凌问题有法可依、有法可循。

1986年，英国政府出台的《1986年地方政府法》，明确提出地方政府应帮助学校阻止任何形式的校园欺凌；20世纪90年代初，英国教育与就业部又出台了集合校园欺凌问题调查、研究与立法于一体的《欺凌：不能默默忍受的苦痛——反校园欺凌资料集》，它是一部较为全面而系统的反校园欺凌指南；1996年通过的《1996年教育法》（*Education Act 1996*），规定家长对其子女在校的偏差行为必须承担协助改善的义务，若其子女的行为无法改善，则家长负有连带责任；随后在1998年出台的《1998年学校标准与框架法》（*School Standards and Framework Act 1998*）中明确规定把反对校园欺凌作为各级公立学校的法定义务，并要求校方制定反校园欺凌的相关政策以促进学生良好行为养成[②]；1999

[①] DFE. Bullying in school plummets [EB/OL]. (2015-12-15) [2016-03-25]. https://www.gov.uk/government/news/bullying-in-school-plummets

[②] School standards and framework act 1998[EB/OL].[2016-03-21]. http://www.legislation.gov.uk/ukpga/1998/31/section/61.

年颁布《1999年健康与工作安全管理法规》(The Management of Health and Safety at Work Regulations 1999)，内有涉及18岁以下儿童的健康与安全保护方面的内容；2002年颁布的《2002年教育法》明确规定各级教育行政部门和学校应进一步贯彻落实《1998年学校标准与框架法》中有关校园欺凌的相关规定，并要求建立"反校园欺凌联盟"，目的在于遏制并对抗校园欺凌事件的发生；2003年，英国教育与技能部出台的《2003年教育（独立学校标准）法规》[the Education (Independent School Standards) Regulations 2003]第三条规定，学校必须制定并有效实施"防止校园欺凌的政策"；同年，教育与技能部又推出了《反欺凌行动宪章》，号召学校的学生参与反校园欺凌行为；2010年，英国教育部又制定了《2010年教育（独立学校标准）法规》，要求学校按照相关法律规定重视反校园欺凌的工作，治理校园欺凌问题；2014年，教育部又对该法案进行了修订，修订后的法案要求学校必须制定适当且有效的反校园欺凌的对策。

上述主要是由英国国会及中央政府颁布的系列普适性法律法规，除此之外，英国地方政府也依据地方性特点，因地制宜地为本辖区中小学发布有关应对校园欺凌问题的指导性文件，并监督本地区内中小学校对国家政策的落实情况。从而切实提升了相关法规政策的适切性与实用性。以英格兰南部的布里斯托尔市议会（Bristol City Council）为例，市议会制定的《反欺凌指导纲要》(Anti-Bullying Guidance)明确规定地方政府的责任如下：通过网络培训教师以提高学校的反欺凌意识；指导学校制定有效的反欺凌措施；全面监测学校，学校每三年向地方政府上交一次反欺凌报告[1]。以英国白金汉郡为例，2006年，该地方政府制定了为期3年的学校反欺凌战略，提出以下三个指导原则：第一，每个人都有权利生活在免受歧视和欺凌的氛围中；第二，每个人有责任促进人与人之间的关心、尊重和合作；第三，每个人有责任尊重多样性，以便创设和维系具安全性和支持性的学校环境[2]。再如，东萨塞克斯郡制定的《2005—2008年度反欺凌战略》提出五个重点，涉及有效利用信息、推广好经验、鼓励各方合作、内外各方沟通、学生积极参与等[3]。

在健全法制体系之外，英国各级政府还采用了设立专门机关、批拨专项经费等方式，以传达国家对整治校园欺凌问题的特别关切与重视。2005年3月，英国政府任命首位独立专员负责包括欺凌在内的青少年事务。2006年，英国展开了一项全国性的调查，就校园

---

[1] Bristol City Council. Anti-bullying guidance[EB/OL]. [2016-06-12] https://www.Bristol,gov.uk/search?p_pud=webworxxsearch_WAR_webworxxportlet&-p_p_lifecycle=0&-_webworxxsearch_WAR_web-worxxportlet_keepFilters=true&_webworxxsearch_WAR_webworxxportlet_searchKeyword=antibullying+policy&searchTerm=antibullying%20 policy.
[2] Buckinghamshire County Council, Buckinghamshire. Anti-bullying strategy for schools 2006_2009[EB/OL].[2020-08-17]. http://www.buckscc.gov.uk/moderngov/mgConvert2PDF.asp?ID=934 &J=1.
[3] East Sussex County Council. Anti-bullying strategy 2005—2008 [EB/OL]. [2021-3-16]. http://www.nya.org.uk/.../1C3C99C5-B181-4F19-841E-B45793EF19EF_EastSussexantibullyingstrategy2005-2008.pdf.

欺凌问题提出解决的对策。2006—2007年，英国政府投入140万英镑专项经费用于应对校园欺凌。总之，英国各级政府借由政策立法、财政拨款等方式，鲜明地传达出了国家在防控校园欺凌问题上的严肃态度，并进一步唤起社会各界以及相关机构部门等对于校园欺凌的认知，进一步明确各级主体的责任与义务，进一步落实校园欺凌问题防治结合的依法推进，进一步强化对于学生群体的外力约束，促使他们因为"敬畏"而管控自身的行为，从而减少校园欺凌行为的发生。

（二）中小学制定个性化举措，落实校园欺凌的预防与处置工作

英国政府曾在其官方网站上明确指出："学校须对学生安全负起责任，无论是在校内活动或在校外进行的教学。"[①]在英国，学校肩负着整治校园欺凌问题的主体责任。结合上文对中央及地方政府颁布的各项法规和指导性文件的描述可知，英国在多项法令中均把学校放在防治体系的核心位置上。同时，在政府2014年出台的指导准则中强调，没有适用于所有学校的防范与处置校园欺凌的统一措施或方法，每个学校应针对自身状况与特性制定合适的防治校园欺凌政策[②]。学校是校园欺凌发生的主要场所，也是防治校园欺凌最为直接和有效的行动单位。整体看来，英国中小学在实际防范和处理校园欺凌问题过程中形成的有益经验大致有以下三个方面。

1. 注重课程建设，提高学生的反欺凌意识及能力

学校课程是学生获得知识与技能的主要途径，是英国学校预防校园欺凌采用频率最高的路径，也是地方政府大力支持与倡导的方式[③]。在具体实践上，英国中小学一方面着力丰富第一课堂的学习内容，以培养和提高学生的人际交往能力；另一方面重视通过开发丰富多样的第二课堂活动，塑造学生友善的交往意识，创设良好和谐的校园文化氛围。事实证明，将反欺凌教育融合在学校日常的课程学习当中，尤其在校园欺凌现象的早期预防上具有可观成效。

首先，提高健康教育类课程在正规课程中的比重。2018年7月19日，英国教育部部长达米安·海因兹（Damian Hinds）宣布了《健康教育计划》，该计划书旨在推动英国所有中小学重视儿童的良好身心健康、网络安全，以及建立健康的人际关系。计划书中规定，健

---

① BBC News. Understanding bullying [EB/OL]. [2019-03-06]. http://www.bbc.co.uk/schools/parents/bullying/.
② UK Department for Education. Preventing and tackling bullying: advice for headteachers, staff and governing bodies [EB/OL]. [2019-03-09]. https://www.gov.uk/government/uploads/system/up-loads/attachment_data/file/444862/Preventing_and_tackling_bullying_advice.
③ Department for Education. The use and effectiveness of anti-bullying strategies in schools. [EB/OL].[2020-03-02]. https://assets.publishing.service.gov.uk/government/uploads/sustem/uploads/system/uo;oads/attachment-data/file/182421/DFE-RR098.pdf.

康教育（health education）将成为中小学必修学科，并且和2017年颁布的"关系与性教育"（relationships and sex education）课程改革融合进行[①]。2017年英国政府通过的《儿童与社会工作法案》（Children and Social Work Act）规定，到2020年9月，英国学校必须实施人际关系教育（relationships education）、人际关系与性教育（relationships and sex education）和健康教育（health education）三门中小学必修课程[②]。上述课程实际上均与校园欺凌相关，其主要目标是帮助学生接受有关心理健康方面的教育，提升学生的心理健康水平，形成正确的人际交往观念，进而从根源上防止欺凌现象的发生。同时，还有部分学校会将反校园欺凌政策及相关材料融入"个人、社会和健康教育课程体系（personal，social and health education，PSHE）"，教师利用教育部及其他反校园欺凌机构（如反校园欺凌联盟）制作的文本与视频材料开设辅导活动课程，对反校园欺凌政策、法规进行解读和学习。在第二课堂的建设上，英国每年11月会举办全国性的反欺凌宣传周活动，全国学校均积极响应，组织学生参加由反校园欺凌联盟举办的或自主创办的各类"反校园欺凌活动周"活动，借此广泛宣传反校园欺凌的理念知识，以此让学生了解校园欺凌的危害性以及具体的应对办法。

除此之外，英国中小学还会精心选择适当的教学方法，精心设计将反欺凌知识与技能传递给学生的具体课程形式，以实现教学效果的优化。例如，英国学校课堂上通常会采用戏剧/角色表演、文学阅读、短视频、音乐、辩论赛等形式让学生了解欺凌的危害，拒绝欺凌和被欺凌。在课堂教学过程中，教师会主要以采用小组学习的模式，让学生在小组中通过相互间的合作，共同完成针对校园欺凌的学习任务。学校还会组织班会，以开放性论坛的形式开发学生的社交能力[③]，营造积极的校园氛围。通过小组合作学习，学生们既培养了批判性思维、团队合作的精神，又掌握了反欺凌的相关知识与技能。

2. 重视教师培训，培养教师的责任感与处事机智

英国教育部2013年颁布的《学校行为纪律》中明文规定，学校对校园欺凌应秉持"零容忍"的态度，教师"有权在校内外对学生进行合理管教"。教师作为学生在校期间除同伴外最常接触到的一类成年群体，以法律的形式，赋予教师较大限度的合法且正当的管教权力是英国中小学应对校园欺凌的又一重要行动思路。因此，英国大部分学校在政策中规定：学校管理行政人员与教师有义务接受学校举行的关于反校园欺凌政策及相关资料的学习。

[①] UK Department for Education. New relationships and health education in schools [EB/OL]. [2019-03-19]. https://www.gov.uk/government/news/new-relationships-and-health-education-in-schools.
[②] UK.Children and social work act[EB/OL]. [2020-05-21]. http://www.legisilation.gov.uk/ukpga/2017/16/contents/enacted.
[③] 屈书杰，贾贝贝.英国校园欺凌综合治理体系及其对中国的启示[J].河北大学学报（哲学社会科学版），2018，43（1）：57-63.

在实际操作上,英国开展的该类师资培训主要包括两个方面的内容:对职前教师的培养和对在职教师的提升。对于职前教师,英国在制定其教育标准上加强了有关纪律管理方面的知识和技能的要求。在2007年9月起付诸实施的合格教师资格新标准中,明确要求教师能够构建有助于学习的、有目的的和安全的环境并为学生在校外的学习确定机会。构建清晰的课堂纪律框架以建设性地管理学生行为并鼓励学生自控和独立[①]。对于在职教师,则是围绕反校园欺凌开展更有针对性的专业培训。许多地方教育当局已经拨付专项经费用于教师的培训,帮助教师掌握识别校园欺凌和早期干预的技巧与方法。

总之,在应对中小学校园欺凌问题上,英国中小学教师一方面作为学校的"代言人",另一方面作为涉事学生及家长的"联络人",往往在校园欺凌事件发生的第一时间便参与到对事件的控制当中,并及时跟进事件的处理结果。英国将有关反校园欺凌的内容融入师资培训环节中,有效激发了教师自觉承担防控校园欺凌的责任感,同时帮助教师切实习得和形成应对此类问题的手段与智慧,提升了英国中小学校园欺凌问题的处理效率。

3. 推行分级治理,设计规范化的治理程序

如前所述,校园欺凌与校园暴力这两个概念存在一定的交叉,但两者性质完全不同。经过漫长的摸索与实践,英国采取了分级治理的模式,即将校园欺凌和校园暴力二者区分开来,针对不同行为的性质和影响采取不同的处理方法。如果被定性为校园暴力,说明该行为已经产生了破坏性的影响,对他人造成了不同程度的身心伤害,同时已经呈现出不良的社会影响,触犯了国家的法律法规,那么,对于这种行为的处理已经不是简简单单的批评教育就可以解决的,这时需要将当事人直接移交至警察局,交由警察处理;而校园欺凌则具有一定的隐蔽性、间接性,英国又将校园欺凌划分为不同层级,甚至细化到具体的恶意言辞与行为举止等。通过这种分级治理的模式,可以针对不同问题有效地采取不同的应对措施与方法,治理的效果显著提高。

在实际处理欺凌问题时,英国中小学普遍遵循的做法流程是:第一步,上报欺凌事件。当教职工、家长或者其他社区成员发现欺凌事件后,向反欺凌协调员或学生导师报告;受害者、旁观者则主要向反欺凌大使(the anti-bullying ambassador)或导师等人报告。第二步,提交书面报告。在自愿的前提下,报告人需将事件发生时间、地点及经过等信息以书面形式上报,学校会对报告人进行严格保密。第三步,开展事件调查。通常是由导师通知涉事学生家长并安排会面。为深入了解欺凌事件,学校会对各类当事人进行单独访谈,并在确保事件属实后,举行调解会议,旨在帮助欺凌者认识错误以及促进受欺凌者身

---

① 许明.英国中小学校园欺凌现象及其解决对策[J].青年研究,2008(1):44-49.

心恢复。第四步,事后处置。事后处置是英国学校应对欺凌事件的重要环节,在这一阶段,许多学校将对欺凌者的惩戒与对受害者的支持放在同等重要的地位,并依据欺凌事件的严重程度,予以相应处置。第五步,后续跟进。学校通常会于事件发生一周之后,与欺凌者、受害者以及旁观者等人单独会面或通过电话联系当事学生家长,进行回访,了解学生现状,以便提供精准的后期支持[①]。一般而言,对于有违反法律或危害校园安全等行为的学生,即使其是处于义务教育阶段,学校都有勒令其停学、强制转学或退学的管教权限。学校或教师应根据校内规定的流程加以处理,并对行为人加以惩戒。

(三)家庭及社会组织协同参与,整合各类社会资源力量打击校园欺凌

由于校园欺凌现象不仅发生在校内,也会发生在校外。因此,在防控校园欺凌上不仅需要学校老师积极履责,也需要家庭和社会机构的积极配合。对此,英国政府重视吸引家长及社会组织机构积极参与到校园欺凌的防治过程中,集合多方主体力量并在全社会范围内形成反欺凌的文化氛围。

1. 签署"教养令",督促家长承担管教责任

英国教育部的相关政策中明确规定,预防校园欺凌离不开社会支持,其中学生家长或监护人的参与不可或缺。依据英国《1996年教育法》的规定,学生家长有义务协助改善子女在校的不当行为。比如,在学生遭遇停学处分时,地方教育当局或学校须向法院申请对其家长发出"教养令",通常包含两个部分:一部分是要求家长出席咨询、辅导课程(上限三个月);另一部分是配合学校之特定要求以改善学生行为(最多一年)。而家长违反"教养令"者,学校可将其移送治安法院裁决处以罚金(每次最高1000英镑)[②]。与此相对,校方应保证对校园欺凌问题处理过程信息的公开和透明,让家长实时知悉问题解决的进展情况,以及为家长普及有关若子女受到欺凌可以从哪些方面着手来帮助孩子缓解不安的方法等实用性知识。同时,家长若发现教师或学校在问题处理上有不妥当之处,有权向校长乃至地方教育当局提出申诉。

总之,英国从法律层面上要求家长与学校密切配合起来,共同肩负起应对和处理校园欺凌的责任,同时也赋予了家长一定的知情权、申诉权等权利,让家长群体可以真正参与到校园欺凌防控过程中来。

---

① 董新良,姚真,王瑞朋. 英国中小学校反欺凌行动研究[J]. 比较教育研究,2017(9): 95-102.
② Department for Children,Schools and Families. Safe from bullying: guidance for local authorities and other strategic leaders on reducing bullying in the community[EB/OL]. [2016-10-12]. http://www.antibullyingalliance.org.uk/media/7487/safefrom bullying community general.pdf.

2. 调动社会组织的积极性，创新校园欺凌问题的处理方案

首先，寻求社会组织的资源和帮助。英国有不少机构主动关注校园欺凌问题，并积极开展有关校园欺凌现象的调查研究，所得结果可以为政府在制定指导性文件时提供数据支持信息和向教师家长提供参考性建议。例如反欺凌联盟（the Anti-Bullying Alliance）由英国全国防止虐待儿童协会（National Society for the Prevention of Cruelty to Children）及国家儿童局（National Children's Bureau）于2002年成立，汇集了100多个组织，形成一个围绕校园欺凌问题的合作网络，在其网站上有一系列关于反欺凌的事实概要及可提供的支持服务可供学校和青少年阅览，如果学生遇到欺凌，也可以向其求助[1]。达勒姆郡反欺凌服务（the County Durham Anti-Bullying Service）于2003年发布了《达勒姆郡反欺凌认证计划》（*The County Durham Anti-Bullying Accreditation Scheme*），英国西南部10个地方当局和东北部8个地方当局参与了该计划。该计划为反欺凌实践设定标准，根据各地达到标准的程度相应授予金、银、铜牌的认证[2]。类似的社会资源及机构还有"英国欺凌"（Bullying UK）、"儿童热线"（Childline）、"戴安娜奖"（the Diana Award）、"孩子角"（Kidscape）等。

其次，近些年来随着信息技术的飞速发展，电子网络欺凌（cyberbullying）成为一种新的校园欺凌形式在中小学校园中流行开来。对此，英国政府联合各中小学在有针对性地就如何阻止欺凌与如何在线举报欺凌等方面作出探索和创新。据英国教育部网站2016年9月8日报道，英国教育部宣布政府提供440万英镑为数百所学校提供"Tootoot"软件及其他9项创新方案以解决校园欺凌事件。目前，来自300所学校的120万名学生能够利用该软件举报欺凌事件[3]。"Tootoot"的设计初衷是为遭受校园欺凌和网络欺凌的青少年提供一个可供寻求帮助的线上平台，儿童可通过对辱骂信息进行截图，或发送欺凌者照片等形式在该平台上匿名举报欺凌事件，供就读学校的工作人员了解相关情况并加以干预。线上资源平台在发挥监管职能之余，现也已成为传播反欺凌知识，组织召开反欺凌教育学习的重要窗口。英国安全互联网中心（the UK Safer Internet Centre）为家长设置了专门网站，为家长提供有关应对校园欺凌的建议。这种线上路径可以为咨询者提供方便且及时的有效信息，有助于向全社会传送反欺凌的理念，普及应对校园欺凌问题的建议及技巧。

可以说，英国在治理中小学校园欺凌的长期实践中，已基本形成了在国家宏观指导之

---

[1] Department for Education. Behaviour and Discipline in Schools: Advice for Headteachers and School Staff[EB/OL]. [2016-10-11]. https://www.gov.uk/government/uploa is/system/uploads/attachmenl_data/fik/488034/Behaviour_and_Discipline_in_Schools_-_A_guide_for_headteacliers_ar.cl_School_Slaff.pdf.

[2] Department for Children, Schools and Families. Safe from Bullying: Guidance for Local Authorities and Other Strategic Leaders on Reducing Bullying in the Community[EB/OL]. [2016-10-12]. http://www.antibullyingalliance.org.uk/media/7487/safefrom bullyingcommunitgeneral.pdf.

[3] 赵芳. 英国为解决校园欺凌问题提供创新方案[J]. 世界教育信息，2016（21）：78-79.

下，以各地中小学为行动主体，集合社会各界资源力量共同打击和消解校园欺凌现象的发生及不良影响的良性机制。该机制在运作过程中，学校依据中央及地方政府颁布的各项法律条文，以增强全体师生共同的反欺凌意识及能力为核心目标，以分级治理的形式推进和落实校园欺凌的防控工作。与此同时，社会各界也积极参与其中，共同致力于在全社会范围内营造反欺凌、反暴力的和谐氛围。英国在处置该类问题上凭借这一良性互动机制，形成了不同于别国的特色经验，其中包含着一些可供参考的有益成分，值得我国在推进校园欺凌防控工作时加以反思和借鉴。

二、美国：形成完备的校园欺凌法律规范体系，建立综合防治机制

（一）建立健全校园欺凌相关法律制度，完善司法保障体系

20世纪八九十年代，美国就面临了校园欺凌事件高居不下的难题。1999年4月20日，科伦拜恩高中的埃里克·哈里斯（Eric Harris）和迪伦·克莱伯德（Dylan Klebold）两名学生持枪冲入校园对同学和教师开枪，在这起枪击事件中，12名学生和1名教师遇难，20余人受伤，两名嫌疑人最后自杀[1]。这桩恶性的校园枪击事件的发生，最终矛头指向校园欺凌。两名嫌疑人在校期间长期受到校园欺凌，由此引发了报复行为。由于校园欺凌而导致的恶性伤人事件让人们不得不对其重视起来。因此，美国立法机关逐渐进行了一系列的立法行动，从联邦立法、各州反欺凌法、少年司法执法体系三方面对校园欺凌进行法律规制，旨在减少校园欺凌行为或减轻其影响，目前已形成较为完备的法律体系[2]。校园欺凌事件的有效防控，学校主体的有效介入不可或缺，但外部的法律规制能以更为强制性的手段杜绝此类事件的发生[3]。因而，较为完善的法律体系可以保障对于校园欺凌事件的有效处理，起到制约作用，从而减少这类行为的发生。

1. 政策法规

美国在校园欺凌的法律规制方面起步较早，目前已形成较为完善的法律体系和制度。在联邦层面，有关校园欺凌的法律规定散见于多部法律之中；而在州层面，各州都制定了自己的反欺凌法。另外，法院的判例对联邦法和州反欺凌法起到了重要的补充作用[4]。

20世纪八九十年代，美国并没有专门针对校园欺凌的法律法规，但政府规定如果欺凌

---

[1] "Columbine High School massacre" 词条[EB/OL]. [2018-01-18]. https://en.wikipedia.org/wiki/Columbine_High_School_massacre.
[2][4] 刘礼兰，肖登辉，孟凡磊. 美国校园欺凌的法律规制[J]. 教育科学研究，2017（7）：77-82.
[3] 马倩，徐洁，陶夏. 美国规制校园欺凌的三维体系及其组件[J]. 教育学术月刊，2016（10）：49-54，68.

行为关涉种族、性别、宗教歧视等方面问题,那么可根据已有立法框架予以处理。联邦有关校园欺凌的相关法律法规存在于多部法律之中,而这些法律法规不具有针对性,而多为抽象的、一般性的保护条款,主要通过平等保护个人权利和反歧视、反骚扰来间接实现对校园欺凌的规制[1]。美国的法律环境一直秉承着人身权神圣不可侵犯的理念,其所要承认和保护的首要利益就是人们的人身权,美国校园反欺凌法案自然也不例外[2]。因而在联邦有关校园欺凌的法律条例中,主要是对基于种族、肤色、国籍、性别、残疾等原因导致的校园欺凌的规制。这些法律法规包括:1964年《民权法案》,该法案第六章规定"禁止种族、肤色与国籍歧视";1972年《教育修订法案》,该法案第九章规定"禁止性别歧视";1973年《康复法案》,该法案第504节规定"禁止残障歧视";1975年《年龄歧视法案》,该法案规定"禁止年龄歧视";在1990年《美国残障人士法案》,该法案第二章明确规定"禁止歧视残障人士"[3]。这些立法框架可以很大程度上规范和明确校园欺凌行为的性质,并依法对相关行为进行定性和惩处。

在科伦拜恩高中枪击事件发生之后,美国极力降低欺凌事件的发生率。从1999年到2010年,全国立法机构颁布了120多个法案,用以介绍或修改学校欺凌和相关行为的法规。在2010年有21部新法案通过,8个附加法案写入法律[4]。至2015年4月,美国所有州都先后通过了反校园欺凌法案。根据美国监督机构对全美反欺凌立法情况评估的调查显示,在50个州中,41个州制定了反欺凌示范政策,36个州规定禁止网络欺凌或借助任何电子媒介进行欺凌,切实从法律上做到了有法可依,其中新泽西州和马里兰州的反欺凌立法最为完备。这些文件为学区如何起草地区欺凌政策以及如何落实法律规定提供了具体指导,对欺凌概念、具体行为以及如何处置等作出了明确规定,要求学校制定反欺凌的校规校纪,还规定了社会和家长的责任。这些州示范政策和指导文件相较于国家立法更为详细,最主要的区别集中在列举受保护群体、调查和使用书面记录、心理健康帮扶、透明度和监督四方面[5]。

联邦法和州法是规制校园欺凌的主要法源,而除此之外,判例法在规制校园欺凌中的作用也不可忽视。法律的稳定性和普适性也从另一个侧面反映了其内容的滞后性和抽象性,在规制校园欺凌的动态过程中,成文法不可避免地会出现空白地带,而判例法则可及时填补这些空白[6]。

美国校园欺凌的相关法案在几十年的时间里逐渐完备,从联邦到州政府,再到当地学

---

[1] 刘礼兰,肖登辉,孟凡磊.美国校园欺凌的法律规制[J].教育科学研究,2017(7):77-82.
[2] 马焕灵,杨婕.美国校园欺凌立法:理念、路径与内容[J].比较教育研究,2016,38(11):21-27.
[3] 杨川林.英美校园霸凌防治的教育政策研究[J].教育研究,2016(3):141-149.
[4] 马倩,徐洁,陶夏.美国规制校园欺凌的三维体系及其组件[J].教育学术月刊,2016(10):49-54,68.
[5] 周晓晓.美国中小学校园欺凌预防干预措施研究[D].上海:华东师范大学,2018.

区，在处理校园欺凌问题上，都有了法律法规的规制，这在一定程度上也减少了校园欺凌事件的发生，对于维护学生的学习和成长环境具有重要意义。

2. 司法程序

较为完备的法律法规让校园欺凌案件有法可依，得到限制。而清晰明确的司法程序则让案件的处理更加高效，保障了校园欺凌受害者的权益。中小学的校园欺凌基本上发生于未成年人间，针对未成年人这一特殊群体，美国设立了青少年法院，有一套较为完善的青少年司法体系。这一体系有效减少了青少年杀人、抢劫等恶性案件，并在逐步延伸其管辖范围，校园欺凌问题现已在其管辖之中。

欺凌行为是致使受害者遭受伤害的直接原因，因而欺凌实施者必然是承担法律责任的第一主体，其承担的责任主要有纪律处分、民事责任和刑事责任三类[1]。根据欺凌事件的程度不同，欺凌实施者将受到不同程度的处罚。学校范围内，学校有权对欺凌实施者实行纪律处分，严重者还可实施停课甚至是开除的处理。学校范围外，美国针对未成年人的司法与成年人不同。在校园欺凌方面，主要是以教育、矫正和引导为主，多为民事责任。而校园欺凌行为造成严重伤害时，则可能构成犯罪，需要承担刑事责任。

当青少年校园欺凌性质相对轻微，未涉及刑事犯罪时，美国的警察可以直接进行以下干：第一，立刻阻止欺凌行为，保证被欺凌者的人身安全；第二，保证欺凌事件现场所有旁观目击者的安全；第三，采取相应措施管制欺凌者，必要时可依法采取刑事拘留，以保证后续证据采集与事件调查的顺利进行[2]。

当青少年校园欺凌行为涉嫌刑事犯罪而嫌疑人年龄又未满18岁时，将由少年司法执法体系进行处理。这与成人的司法程序不同，美国校园欺凌司法程序大致分为以下六个阶段，包括最初处置（initial referral）、请求（petition）、预审初期（pretrial phase）、司法意见听证（jurisdictional hearing）、处置性听证（dispositional hearing）、处置结果（action results）[3]。在最初处置阶段，需根据校园欺凌事件的严重程度而采取不同的措施，轻则进行干预和教育，重则移交法院。在请求阶段，则有法院工作人员与公诉律师共同参与，决定是否受理该案件。预审初期阶段则是对案件审理结果的预测，并判定证据是否充足，以及案件性质的严重程度及处理方式。而到了司法意见听证阶段，则需听取多方意见。到了处置性听证阶段，进行相应的处置。最后的处置结果阶段，即做出最终审判的决定。

这一套司法程序环环相扣，井然有序，既保障了校园欺凌受害者的权益，惩罚了欺凌

---

[1] 刘礼兰，肖登辉，孟凡磊. 美国校园欺凌的法律规制[J]. 教育科学研究，2017（7）：77-82.
[2] 周晓晓. 美国中小学校园欺凌预防干预措施研究[D]. 上海：华东师范大学，2018.
[3] 郑海啸. 美国中小学校园欺凌防治措施及实践启示[D]. 杭州：浙江工业大学，2019.

实施者。同时也根据欺凌行为的严重程度给予了欺凌实施者相应的接受教育、进行矫正的机会，有助于大环境的改善。

（二）预防、关怀、干预、惩罚多措并举，整合校园欺凌处理程序

1. 建立预防机制，做好舆论引导

校园欺凌行为的危害性不言而喻，其对学生造成的伤害也无法挽回。那么从源头做起，减少校园欺凌事件的发生非常值得关注。美国已有的立法保障了学生的权益，对于已发生的校园欺凌事件均有效的规制。而对于未发生的或者潜在性的危害来说，要让其发挥作用，则需广泛宣传，扩大影响，加深各个群体对这一问题的重视程度，尤其是后果的严重性。因而，校园欺凌的预防工作是一个涉及面广、工程量巨大的工作，需要调动各方力量来有效地预防校园欺凌事件的发生。在美国，各州普遍通过立法建构了校园欺凌的预防机制。在校园欺凌预防方面，各州普遍要求学校定期对学校教职工、学生、家长、社区成员进行反欺凌知识的宣传教育。如新泽西州立法规定，学校每年应向学校职员、学生、志愿者、社区成员开展反欺凌预防的宣传教育活动，并可以向教育部门申请活动经费。同时，学校还应当聘任专职的反欺凌专家，组织反欺凌小组进行校园欺凌预防、调查活动。在学校开展反欺凌宣传教育活动之外，新泽西州还要求州内其他机构参与到反欺凌教育之中，比如当地警察训练委员会（Police Training Commission）应在州检察官的协助下，开展关于校园安全的综合课程教育。此外，各州普遍通过立法明确规定，州内所有学校应在学校设施（包括学校主页）或校车上公示学校的反校园欺凌政策。某些州还将反校园欺凌政策的学习纳入课程之中[1]。

除了建立长效的校园欺凌预防机制外，好的舆论环境同样能协助预防校园欺凌事件的发生。当今社会，学生所能接触到的信息非常多，而这些信息与学校的教育一样，同样会对其造成一定的影响。做好舆论引导，将这一影响向好的方面发展，可以从根源减少校园欺凌事件的产生。例如，在美国名为"Take a Stand, Lend a Hand: Stop Bullying Now"的运动受到许多联邦政府部门的支持。它是一个旨在提高人们对于9~13岁孩子欺凌行为认识的媒体运动。该运动是在咨询了教育、健康和安全相关的专业人士以及来自青少年组织和执法机关的人员之后才提出的。它的目的是让青年人能够尽其所能去阻止欺凌行为。该计划针对欺凌行为中涉及的三种人：欺凌者、被欺凌者以及旁观者[2]。

---

[1] 孟凡壮，俞伟.美国校园欺凌法律规制体系的建构探析[J].比较教育研究，2017, 39（6）: 43-49.
[2] 周华珍，何子丹.关于国外校园欺负行为的干预经验研究及其启示[J].中国青年研究，2009（8）: 5-8.

2. 开展人文关怀的道德教育

自21世纪以来，美国的道德教育注重"学会关怀"。美国人崇尚个性，追求自由、独立，而与此同时，人与人之间的距离也逐渐拉开，加之父母与孩子的亲密互动不足，令许多孩子在道德和情感上较为冷漠，忽视他人的心理感受。关怀理论旨在通过人文主义的关怀、对他人进行关心以及被他人关心来建立人与人之间的依赖关系，通过人与人之间的彼此依赖和关怀，改善个体的品德、人格，建立对他人和社会的责任和信任，从而拉近彼此的距离。美国教育协会前主席内尔·诺丁斯（Nel Noddings）认为学校的道德教育应以关怀为中心，并融入学校的日常教育中，应教育学生去理解并尊重文化的差异，树立正确的价值观[1]。教师通过对学生进行道德训练，激发学生的同情心和对他人的尊重感，学会关心弱者，友善待人。这种道德训练的方式是多变的，例如角色扮演、文学阅读、视觉观看等，还可组织不同种族、国家和民族的学生进行交流，以促进他们的文化认同。学会关怀能使学生之间友好往来，符合道德和行为标准，消除学生的欺凌念头；同时，给予校园欺凌中被欺凌者一种感情和指导，帮助他们治疗心理创伤，走出被欺凌、不自信、自我效能感低的负面情绪圈。

3. 进行系统的干预措施

美国在反欺凌政策的基础上制定了校园欺凌系统干预策略。美国心理学家布郎芬·布伦纳（Bronfen Brenner）认为，人类生活的环境由若干相互联系、相互作用的系统组成[2]。美国学校根据不同的系统建立生态干预模型，制定了以学校为基础的整体干预策略和以学生个体为基础的干预策略，以及针对同伴团体的干预策略[3]。这要求所有师生和校长必须参与其中。美国以学校为中心，与家庭和司法机构等建立有效的生态环境，对欺凌进行及时有效的干预。此外，学校还与司法机构之间建立了联系，学校与司法部门协同治理欺凌。学校的管理系统和刑事的司法系统都可以对欺凌行为进行独立监控，共同确保校园安全[4]。

在对校园欺凌行为进行干预时，学校能够发挥巨大的作用。学校在处理过程中，深入了解情况，确定导致欺凌发生的原因，有针对性地采取干预措施。这可以从几个方面着手：其一，与受欺凌者、欺凌者的家长及时沟通，告知双方父母或监护人校园欺凌事件调查结果，以及受欺凌者、欺凌者所需要的干预措施；其二，为避免受欺凌者再次受欺凌，

---

[1] 诺丁斯. 学会关心：教育的另一种模式[M]. 于天龙, 译, 北京：教育科学出版社, 2003.
[2] 桑标. 儿童发展心理学[M]. 北京：高等教育出版社, 2009：55-57.
[3] 乔东平, 文娜. 国内外校园欺凌研究综述：概念、成因与干预[J]. 社会建设, 2018, 5（3）：5-15, 64.
[4] 赵茜, 苏春景. 美国以学校为基础的欺凌干预体系探析[J]. 外国教育研究, 2018, 45（1）：106-116.

学校预先安排好双方的座位,包括教室里的座位以及就餐、校车上的座位,以免双方近距离接触;其三,为受欺凌学生指派老师作为"保护人",加强对受欺凌者的身心保护;其四,校长保持与受欺凌者的沟通,以确定受欺凌者是否还会再受欺凌,是否需要采取更多的补救措施[①]。

在校园欺凌发生时,及时积极地采取干预措施,既能快速惩处欺凌实施者,同时也能对被欺凌者有一个长期且有效的保护,有助于其身心健康的恢复。另外,这一系列干预措施对于其他群体来说,也具有积极意义。对于潜在欺凌实施者有警示作用。而通过疏导来帮助被欺凌者树立自信,增强保护意识与能力,也能促使旁观者敢于帮助并懂得如何帮助被欺凌者,培养良好的心态[②]。

可见,美国针对校园欺凌的干预措施不是单方的责任,而是一个整体的系统。美国联邦政府、州政府在加强立法惩处欺凌的同时,也从学校、家庭和社会多层面地采取措施,发挥各方优势,形成多管齐下、多方干预的防治体系[③]。

4."零容忍"的处置和惩罚

美国学校对校园欺凌行为采取"零容忍"政策。根据联邦政府规定,校方必须提供举报欺凌事件的渠道,学校教职员工发现欺凌事件必须举报,学生及其监护人等可以采取匿名的形式报告。一旦发现欺凌事件,学校必须立即行动,对欺凌事件进行调查。调查对象包括学生、员工、目击者、学生监护人等。对于欺凌者,及时采取干预措施,轻者警告,重者开除,涉及刑事犯罪者,司法机关及时介入[④]。比如对欺凌者进行停课处理,留校察看或者从学校开除。另外,情节较严重造成恶劣影响的,除学校的处罚,还将面临民事罚款和刑事处罚,甚至面临有期徒刑。一般性的关系欺凌和言语欺凌,学校人员进行相关的调查后,对欺凌者给予一定的批评教育和矫正思想行为。对被欺凌者进行相关的安抚和心理疏导,或进行适当的补偿。倘若发生情节特别严重,具有危害性的欺凌事件,学校会请司法人员直接进行干预甚至判刑,学校同时有权根据欺凌事件情节的严重程度,对欺凌者施以停课或开除的惩罚[⑤]。而除了欺凌实施者本人外,其团伙也在惩处范围之内。联邦刑事法庭审理欺凌案件时,依据"共犯连带"原则,将帮凶与直接欺凌者视为同罪,即所有参与欺凌事件者,都要被严厉惩罚,从犯与主犯同罪[⑥]。美国的法律和政策都是对校园欺凌"零容忍"的态度,对待欺凌行为绝不纵容。

---

①②④⑥ 刘冬梅,薛冰.美国校园欺凌的防治策略及借鉴[J].河南师范大学学报(哲学社会科学版),2020,47(2):151-156.
③ 周晓晓.美国中小学校园欺凌预防干预措施研究[D].上海:华东师范大学,2018.
⑤ 向敏.中美校园欺凌防治比较研究[D].武汉:华中师范大学,2016.

（三）多方经验借鉴，建立校园欺凌综合防治机制

1. 完善立法，明确职能

完善的法律体系既能对已发生的校园欺凌给予相应的惩处，同时也有重要的警示作用，可以规范人们的行为，让潜在的欺凌实施者能知法从而守法，约束自己的行为。美国在校园欺凌立法方面起步较早，已形成较为完备的体系。在此，有诸多值得我国进行学习的地方。美国校园欺凌立法过程遵守谨慎立法的理念，在立法之前，各州政府均会委托相关科研机构对本州乃至全国的欺凌相关问题做深入的调研，理清本地区的欺凌现状，并组织法律工作者、教育工作者、学生、家长等多方人士共同商讨法律条款。在立法的过程中，更是反复推敲对法律条款的界定，仅对"欺凌"的界定就反复修正。即便法案出台以后，仍然有专业人士不断研究其中的漏洞，及时更新修正法案。美国各州在相关法律条款的制定上还遵循了"本地化"的技术路线，根据本州的欺凌事件的主要特征来设定相应条款[1]。

2. 舆论导向，有效预防

减少校园欺凌事件的发生，预防机制的建设不可少。在美国，各州普遍通过立法建构了校园欺凌的预防机制，学校联合各方力量，全力进行校园欺凌的预防工作，也产生了不错的效果。中小学这一阶段的学生处于价值观形成期，这一群体易受到外界的干扰，在接收大量的负面信息后也容易产生恶性的模仿行为。所以，预防工作要充分重视舆论的力量。要加强舆论导向，传播积极正向的能量，从而协助青少年形成积极向上的价值观。在社会层面，要重视大众媒体以及社交软件的作用。媒体不仅仅是为了娱乐大众而存在，其对于社会公序良俗的维护理应具有责任担当意识。媒体的舆论监督作用有助于社会良好氛围的创设，而在校园欺凌问题上的积极引导，也会对青少年产生很好的导向作用。而在学校层面，校内媒体、校内活动、主题班会等都是很好的信息传播渠道。可以借此深化学生对于校园欺凌行为的认识，通过强化道德法制教育和校规校纪教育，增强学生责任意识，让学生懂得欺凌行为是违法行为，从而让学生远离欺凌行为，做到从根源处进行预防。在预防机制的建设上，要统筹好相关部门、社会力量以及各项资源，形成一个长效的预防体系，多维度预防校园欺凌事件的发生。

3. 及时干预，惩教并重

美国针对校园欺凌行为构建了系统的干预体系，协同多方力量，引进专业的理念和方法，取得的成效也颇为显著。在校园欺凌行为发生时进行专业及时的干预，可有效降低伤

---

[1] 马焕灵，杨婕. 美国校园欺凌立法：理念、路径与内容[J]. 比较教育研究，2016, 38（11）：21-27.

害。而校园欺凌干预体系的构建不仅需要统筹各方力量，也需要大量专业知识作为基础。因而我国在借鉴该项措施上，对于相关理论的学习和引进也不可或缺，尤其是将这一理论方法等传达给学校教师，以便开展实践应用。

在对于欺凌事件的处理上，美国一直秉持"零容忍政策"。所谓"零容忍"主要指针对特定违反法令的行为，采取事先制定的惩罚措施，无论犯行轻重，只要违反规定一律严格惩处[1]。而为了学生更好地成长，纠正学生的过错行为，除了惩罚之外，美国也有相应的教育和关怀措施。美国建立了反欺凌网站，并在学校中开设反欺凌课程，多管齐下帮助学生树立正确的观念，认识到校园欺凌的危害及其严重后果，从而远离欺凌行为。对于欺凌实施者和被欺凌者来说，前者产生欺凌行为的原因可能是存在一些心理上的问题，后者则是在被欺凌之后可能会产生心理上的创伤。因而，对两个群体心理健康的关怀也是有必要的。纵观美国的校园欺凌处理方法可知，惩处责罚与教育关怀都不可缺少。在具体实施过程中，也要根据每个学生的不同特质以及事件的危害程度来进行处理。这些处理措施，既是为了起到惩罚作用，同时也是为了学生更好地成长。

4. 学校为中心多方协同

美国校园欺凌的治理注重多部门、各层面的协同合作。通过立法，在社会、政府、学校与家庭之间形成以"学校"为轴心的防治校园欺凌的协同治理体系[2]。学校大部分为校园欺凌事件发生的首要场所，对于校园欺凌事件的处理刻不容缓，理应作出快速反应。而以学校为轴心的社会、政府以及家庭等，同样需要协助配合，以此形成的协同合作机制可高效处理校园欺凌事件。校园欺凌行为的防御和控制是一个系统的社会工程，需要各个方面的主动参与和积极配合。其中政府起到的是主导作用。政府应该组织并整合各种社会资源和力量，使其能够很好地协调配合，发挥各自的作用。同时，政府的各个相关机构和组织应该进行必要的整合与补充，统一思路，统筹安排，科学规划，建立科学的机构体系，明确权利归属，在国家层面建立起完善的框架[3]。参照美国校园欺凌协同治理体系的构建，我国也可根据我国国情以及中小学阶段学生的特征来进行构建。以学校为中心，以政府为主导，从上至下有效指挥，调动各方资源，最大程度上发挥校园欺凌治理的合力。

三、日本：重视早期预防，专项立法处置，社会各界群策群力

日本历史上曾经出现过数次校园欺凌爆发的高潮，但日本政府与社会公众并没有对此

---

[1] 佟丽华.未成年人法学·学校保护卷[M].北京：法律出版社，2007.
[2] 孟凡壮，俞伟.美国校园欺凌法律规制体系的建构探析[J].比较教育研究，2017，39（6）：43-49.
[3] 周华珍，何子丹.关于国外校园欺负行为的干预经验研究及其启示[J].中国青年研究，2009（8）：5-8.

类问题加以回避，而是秉持积极应对的态度，并于数十年的管治实践中摸索并建立了独具特色的校园欺凌应对机制。简而言之，日本在防治中小学校园欺凌问题上，主要是从加强道德教育与校园管理，政府设立专项法律法规和社会组织参与等多方面入手，在全国范围内形成了对校园欺凌"重预防、零容忍、严惩处、齐发力"的高度共识与行动逻辑。

（一）加强道德教育，积极预防校园欺凌

2015年，在经中央教育审议会的多次商议之后，日本文部科学省做出关于将道德教育学科化的决定。该决定一经颁布，各地区中小学先后响应。例如为完善道德教育，日本神奈川县2015年在所有教育活动中全面推进"珍爱生命的教育"工作，开设了"生命课堂"以宣传有关尊重生命主题的教育。北海道教育大学为锻炼和提高教师的应对能力，组织开设各类相关课程。

2018年文部科学省颁布的《中小学学习指导要领》规定，日本小学、初中将分别从2018年和2019年开始，在全国范围内开设"特别的学科——道德"，以加强对学生的道德教育。新的道德课程在课程目标、课程内容和指导方式上有较大改变，意在培育学生的人性与社会性，减少校园欺凌事件[1]。日本防止欺凌对策协议会要求日本教师在道德课上直接向学生提问"如果你被欺凌会告诉老师吗？""如果你遭遇欺凌事件你会选择怎么办？"让学生探索处理校园欺凌的办法，也通过询问儿童"如果被欺凌的人是你，你的心情如何？""为什么要制造校园欺凌事件？""怎么才能有效避免校园欺凌事件重复出现？"以此来了解解决校园欺凌切实可行的手段[2]。在道德课堂上教师鼓励学生以换位思考、写匿名信或匿名告白等方式，对外诉说和抒发沉压内心深处的烦恼和负面情绪，这同时也帮助老师们及时地了解到学生的心理情绪动态，为教师深入了解学生的内心世界提供了契机，这对校园欺凌的及早发现与预防具有重要的辅助性作用。学生在进行相关学习的过程中可以更加深刻地认识到"欺凌"行为本身的恶劣性，而常态化的道德教育也使得学生的精神世界不断得到洗涤和升华，进而有效地从根源防范校园欺凌的发生。

在加强道德教育之余，日本中小学也十分关注对学生心理状况的定时摸查。日本中小学会通过问卷调查等形式及时了解学生的不安和烦恼，以此鉴别学生群体内部是否存在欺凌现象或征兆。如静冈县内几乎所有公立学校都会开展关于欺凌等异常校园行为的问卷调查，平均每年3~5次，学生们在家中填写后放入信封里交给学校[3]。

---

[1] 文部科学省.小学校学习指导要领[EB/OL].（2018-09-05）[2020-04-01]. https://www.mext.go.jp/component/a_menu/education/micro_detail/_icsFiles/afieldfile/2018/09/05/1384661_4_3_2.pdf.
[2] 张爽.日本校园欺凌现象治理及其启示[J].教学与管理，2019（32）：56-58.
[3] 中日新闻.いじめ認知が大幅増早期発見に効果[EB/OL].（2018-10-26）[2018-10-31]. http://www.chunichi.co.jp/article/shizuoka/20181026/CK2018102602000042.html.

日本在面向学生开设道德教育课程的同时，也以提升教师的应对能力为目的组织了多样的反欺凌培训。具体包括，教职员支援机构每年会组织教师研修关于法律和欺凌防治基本方针的解读，帮助教师加深对相关政策条文的了解。还有一些学校会开展以实践性内容为主的教师欺凌应对素质培训及演习。除此之外，在日本文部科学省建立的道德教育网站上还上传有大量供全国教师参考的实际案例，以及各地方的欺凌防治指导案例等，教师们可以从中通过各种课堂录像学习道德教育教学技巧。总之，师生反欺凌意识及能力的共同提升为校园欺凌防治提供了有效保障。

（二）健全法治路径，严肃处置校园欺凌

在处置校园欺凌问题上，日本的主要行动特征是将其纳入法治化的轨道上，并形成了比较系统的法律应对机制。

首先就立法思路而言，日本采用的是"定性成立罪名立法模式"[1]，并设有一套专门针对青少年违法犯罪行为而单独制定的刑事立法体系。在此种模式之下，未成年人实施的校园欺凌行为不再只简单地被归类为学生之间的普通打闹来进行处理，必要时可以对其进行刑事追究，这显著地增强了相关法律对于此类行为的威慑与制约作用。同时追究作为未成年人学生的实施者的刑事责任，也为校园欺凌的受害者提供了有力的法律庇护。

其次从立法实践来看，一方面，日本非常重视和强调相关数据资料的前期统计与整合工作，借以保证法规方针的制定有相对充足的实践基础和依据；另一方面，在法制体系的具体建设上，日本主要通过出台专项法律作为指导校园欺凌治理实践的基本法则，同时围绕某些特定问题，制定了更具针对性的方针制度以切实提升法律对于校园欺凌治理实践的指导与保障作用，在此基础上还会视情节严重程度综合《中华人民共和国刑法》《少年法》等刑事法条予以判处。

1. 重视数据采集，扎实政策立法前期准备工作

面对层出不穷的校园欺凌现象，日本政府和文部科学省围绕校园欺凌事件开展关于一线数据的调查、收集和统计工作，为相关法律政策的制定、修改与持续性完善奠定基础，同时寻求更好的解决策略以使其能够充分适应社会经济的发展及司法实践的变化。在相关实践举措上，根据法律规定，日本文部科学省每年都要组织专家对全国所有中小学欺凌问题进行调查研究，对现行的政策实施情况施行评估。

从1958年开始，日本政府每年都会发布上一年度关于校园欺凌主题的官方统计调查

---

[1] 蔡晓宇. 日本中小学校园欺凌法制研究及对我国的启示[J]. 教育参考，2017（6）：54-59.

分析报告。报告的数据主要由地方各级教育委员会等地方公共团体、学校等自行统计、上报后整理、归类所得。为了防止一些地方公共团体和学校上报虚假数据，文部科学省还会自行单独进行相应的问卷调查，进行实地情况评估和验证，同时对数据造假、隐匿不报等情形进行相应的行政追责[①]。与此同时，日本政府和文部科学省等还会专门针对诸如校园欺凌中个别突出问题和重点课题进行数据搜集统计，如就暴力欺凌行为、停止参加课堂、不上学、高中阶段中途退学、自杀、教育商谈等主题进行专项调查，以尽量保证所采集信息数据的全面性和代表性。以日本文部科学省2015年发布的校园欺凌调查报告为例，其中数据统计部分的内容庞杂而详尽，包含了数量、项目、类别、比例等多个统计维度，甚至细化到了各个年级、和解情况、解决比例等，这充分反映了日本官方在校园欺凌应对方面端正、务实、严谨的工作态度与作风。

2. 专项立法主导，辅以多级法律制度予以补充

2013年4月，日本政府提出设计一部专门针对校园欺凌问题并为其提供有关对策的法案的提议，同年6月《防止欺凌对策推进法》(《いじめ防止対策推進法》)经由日本国会批准并出台，它标志着日本校园欺凌的预防和规制自此有了国家层面的立法，这在全世界范围内都是比较罕见的法制应对举动。《防止欺凌对策推进法》对校园欺凌问题的处置上具有较强的实效性。

从法案内容上看，首先，该法以法律总则的方式对校园欺凌进行了定义。在法案中，中小学校园欺凌的定义被全面归纳为："在校学生（儿童）受到来自学校一定关系的其他学生（儿童）加诸的心理或物理的行为（包括利用网络进行的行为），并因此身心感受到不同程度的痛苦。"[②]这一规定不仅使校园欺凌的概念及其内容法定化、明确化，更重要的是使对于校园欺凌的判断依据，由以往的通过纯粹客观行为观察进行判断或者教师、学校、旁观者等第三方判断，变为站在被欺凌儿童等的立场上进行判断，从而更加突显被欺凌儿童等的主体地位，更加注重被欺凌儿童自身的主观感受[③]。这为校园欺凌行为的有效判定与及时干预提供了基本前提。

其次，该法明确了校园欺凌防范对策的基本理念与关联者的责任关系，以此完善了关于校园欺凌应对的组织机制。根据法案规定，政府应负责制定欺凌防治基本方针，地方政府可以成立欺凌问题对策联络协议会，教育委员会可设置附属机关，以全面掌握与及时检

---

① 任海涛，闻志强.日本中小学校园欺凌治理经验镜鉴[J].复旦教育论坛，2016（6）：106-112.
② いじめ防止対策推進法附則第1条[EB/OL]. [2016-2-21]. http://law.e-gov.go.jp/htmldata/H25/H25HO071.html.
③ 北澤毅.「いじめ自殺」の社会学「いじめ問題」を脱構築する[M].东京：世界思想社，2015.

查欺凌防治的基本方针及其推进情况，并促进家庭、学校、各机关和其他社会力量的协作，支援地方的组织设置[①]；学校必须成立欺凌防治对策组织，学校在学生因遭受欺凌受伤或长期缺课等重大伤害时，有义务调查相关事实，并告知学生监护人。当欺凌行为被认定为有可能对学生身体或者财产造成重大侵害的犯罪行为时，学校有义务报警[②]。此外，《防止欺凌对策推进法》中还涉及有关财政支持方面的内容，如第10条明确规定国家以及地方公共团体必须对治理校园欺凌的活动提供财政及其他方面的支持。2018年3月日本总务省发布的《关于防止欺凌相关对策推进的调查结果》报告显示，日本用于各种防治欺凌的宣传活动、人才培养和设置相关机构等的费用不断增加，2014年投入47亿日元，2015年投入48亿日元，2016年投入57亿日元[③]。2017年在中小学的特别教科道德课中，用于体验性学习活动的经费，就达9900万日元[④]。

再次，《防止欺凌对策推进法》中也规定，欺凌事件如涉嫌刑事犯罪则应交由少年院等机构根据《少年法》《中华人民共和国刑法》的规定进行惩处，涉及的民事、行政等法律关系则主要借助其他相关法律进行调整。如《学校教育法》用以调整学校管理权和学生权利之间的平衡，学校可对本校实施欺凌行为的学生采取退学、停学和训告三种惩戒措施。《少年法》则针对违法犯罪的青少年设置了一套不同于成年人的刑事司法体系予以追诉和处理，旨在"对失足青少年进行性格的矫正"，为青少年重新开始新的人生做了周密规定，如禁止实名报道青少年犯罪等[⑤]。在《防止欺凌对策推进法》颁布后，文部科学省又于2015年8月发布了《基于欺凌预防对策推进法的组织性应对及学生的自杀预防（通知）》，突出了对校园欺凌自杀事件的殷切关注。因此可以说，《防止欺凌对策推进法》在日本之于对校园欺凌的处置而言只是发挥着基本法的作用，在此之外还有多项更具针对性的法政方针，他们与国家《中华人民共和国刑法》《少年法》等高级别的法规一起，在兼顾普适性与针对性的双重特点与优势的情况下，构成对国家反校园欺凌法制体系的有力补充。

总之，日本遵循"中央政法立法奠基—地方政府依法处置"这一基本行动逻辑，在校园欺凌防治实践中，逐渐形成了一个综合性的专门立法体系。这成为日本政府与各地中小学处置校园欺凌问题的基本思路导引与重要行动依仗。

[①] 文部科学省.いじめ防止対策推進法（平成25年法律第71号）[EB/OL]. [2017-11-05]. http://www.mext.go.jp/a_menu/shotou/seitoshidou/1337278.htm.

[②] 张京品.治理校园欺凌的日本实践[J].云南教育（视界综合版），2019（6）：9-11.

[③][④] 日本総務省評価局.いじめ防止対策の推進に関する調査結果報告書.[EB/OL]. [2018-03-16] http://www.soumu.go.jp/menu_news/snews/107317_0316.html.

[⑤] 郭婕,马钰.日本中小学校园欺凌防治的经验及启示[J].教育评论，2020（4）：153-157.

（三）汇聚三方力量，共同应对校园欺凌

在2013年颁布的《防止欺凌对策推进法》中强调，国家、社会团体与学校、教育委员会、儿童商谈所、法务局、派出所等关系机关应建立合作机制，共同设立校园欺凌问题对策联络协议会，从而为防治校园欺凌开展的各项措施进行统一管理并提供法律保障[1]。该法案颁布后，日本文部科学省又于同年10月11日拟定了《防止校园欺凌基本方针》以进一步确保推进法的落地实施。该方针经过2017年3月14日的最终修订正式成为国家治理校园欺凌的总方针。方针在内容上明确指出：应进一步明确国家应对校园欺凌事件应承担的责任与义务，巩固国家、社会团体、学校三方合作机制[2]。据此可知，《防止欺凌对策推进法》与《防止校园欺凌基本方针》二者相辅相成，以法律的形式进一步明确了国家政府、中小学、社会组织团体等多主体在防治欺凌问题上应承担的责任，进而强有力地推动了一个多元主体协同参与的校园欺凌防治机制在日本的建设、形成与完善，它为日本有效应对校园欺凌问题打造了坚实的组织依托。

首先，在教育体制内部，日本不少地方教育部门和中小学以《防止欺凌对策推进法》为基础，设立"校园欺凌问题对策委员会"等功能机构，人员构成上一般由两名以上的学校教职员工，大学教授，具有心理学、社会福祉学等相关专门知识的专业人士以及律师等共同组成。当学校中发生因校园欺凌问题而出现自杀等"重大事态"时，该机构具有自行调查的权力，学校被要求向受害学生及家长详细说明调查过程，并根据调查结果对受害学生和加害人分别采取支援和指导措施，这类"第三者委员会"的参与能够督促学校严肃对待校园欺凌事件，在全面了解事件真实情况的基础上对其作出适当的处理，在更大程度上确保事件判断的公平性和中立性，有效防止学校或教育部门牺牲学生的利益。除此之外，还有如学校运营审议会制度，它在促进监护人和地区居民参与学校运营，使学校的校园欺凌防治对策更具地域针对性方面发挥了有效作用[3]。还有家长教师协会，有利于家庭与学校的相互沟通，普及家庭防范欺凌对策，并可以为欺凌受害者及其监护人提供帮助[4]。

其次，在教育体制外部，以地方公共团体为首等社会职能组织也为日本校园欺凌问题的治理贡献了积极力量。现如今，日本多个地方公共团体组织以自身为单位，已制定并出台了多项地方性的制度对策，辅助地方性学校政策方针的实施。其中较具代表性的制度是

---

[1] 李冬梅.日本：出台七大新对策,剑指校园欺凌[J].上海教育,2017（11）：20-22.
[2] 陈旭.日本中学校园欺凌问题及其应对措施研究[D].保定：河北大学,2019.
[3] 文部科学省.コミュニティ？スクール（学校運営協議会制度）[EB/OL]. [2019-03-24]. http://www.mext.go.jp/a_menu/shotou/community/.
[4] 公益社団法人日本PTA全国協議会.今すぐ！家庭でできるいじめ対策ハンドブック[EB/OL] [2018-05-24] http://nippon-pta.or.jp/material/apleht0000000mv8.html.

近年来地方公共团体中引入的"SC"与"SSW"制度①。"SC"(school counselor)是指校园心理咨询专家,"SSW"(school social worker)是指校园社会福祉专家,他们的工作内容包括但不限于援助因欺凌、虐待、贫困等原因在学习和日常生活中处于困境的孩子。地方公共团体通常会通过向学校派遣心理、社会福祉等外部专家的形式,支援学校在相关方面应对体制的建设。"SC"和"SSW"制度的导入,对校园欺凌的早期发现和发现后如何应对起到明显效果。

最后,在应对校园欺凌的实践中,电话和网络咨询机制同样发挥了积极作用。日本文部科学省设立了统一的"全国24小时欺凌"求助热线(0571-1-78310),其中,数字"7831"几位数字的谐音是"说出烦恼",较容易让儿童记住,这一热线由都道府县和指定都市教育委员会负责接听。日本法务省也相应设立全国免费的"儿童人权110"求助热线,该热线由法务局或人权拥护委员直接为受到欺凌的学生提供咨询服务,并启动救济程序。为了让被欺凌儿童或其家长,或者察觉到欺凌的其他儿童或大人能顺利上报,各市教育委员会也从2015年11月开始,设置了24小时免费的儿童SOS热线电话②。以上这些电话热线号码都是非常易记和简单的数字,日本相关机构还会在网站上公布咨询电话及邮编,在介绍有关政策时,还会在日文汉字旁标明对应的日语假名,以帮助低龄学生无障碍阅读,以尽量方便被欺凌者和家长的及时求助。据文部科学省的统计,2017年利用电话或网络进行欺凌举报的有12 632件,占欺凌认定件数的3%③。

公众可以利用短信或传真等渠道反映问题。在线上咨询方面,日本文部科学省还专门设立了欺凌事件咨询网站,日本律师联合会也设有免费的儿童人权咨询窗口。这些机构均大量聘用心理、法律专业等方面的专家,以供家长和被欺凌者及时了解相关的防治方法和进行法律咨询。据2018年协议会的统计报告,2016年来自家长或儿童的咨询有4万多件④。另外,近年来伴随智能手机的广泛普及,考虑到日本绝大多数青少年都会运用SNS(social networking services,社交网络服务)作为主要社交工具的社会现状,国家从2016年开始,围绕校园欺凌等问题,建构起运用SNS来进行咨询的相关机制。日本文部科学省成立了构筑SNS咨询体制工作小组,负责对SNS欺凌咨询体制构建以及应注意的问题进行研究。2018年3月,日本文部科学省正式发布了《运用SNS构建网络商谈机制的前考虑》

---

① 滕雪丽,张香兰.日本校园欺凌的预防与干预[J].当代教育科学,2020(3):72-76.
② 文部科学省.いじめ問題等子どものSOSに対する文部科学省の取り組み[EB/OL].[2015-8-18]. http://www.mext. go.jp/ijime/detail/1336269.htm.
③ 文部科学省.平成29年度「児童生徒の問題行動等生徒指導上の諸問題に関する調査」等結果について(学校内における暴力行為発生件数の推移)[EB/OL].[2018-10-30]. http://www.mext.go.jp/b_menu/houdou/30/10/1410392.htm.
④ 日本総務省評価局.いじめ防止対策の推進に関する調査結果報告書[EB/OL].[2018-3-16]. http://www.soumu.go.jp/ menu_news/snews/107317_0316.html.

报告书。该报告成为指导各地确立和运行 SNS 欺凌咨询机制的指导性文件，并在部分学校和地区先行开展试点工作，作为日后进一步推广的实践范例[①]。此外，日本最大的 NHK 电视台每周五在黄金时间播出"如何防治欺凌"系列节目，日本最重量级的报社《朝日新闻》也设立了"欺凌君"专刊，刊载了大量有关"友情""互相帮助""遇到欺凌怎么办"等内容，以重塑中小学学生的核心价值观[②]。

可见，日本在治理校园欺凌问题上非常重视社会力量的激发与融合，通过组建实体部门或依托信息技术平台，开辟了类型多样的合作模式或渠道。社会团体或个人基于自身职能特长及专业优势，在防治校园欺凌问题上与政府和学校形成合力，发挥了重要的支援和配合作用。

[①] 文部科学省.SNS 等を活用した相談体制の構築に関する当面の考え方（最終報告）[EB/OL]. [2018-3-28]. http://www.mext.go.jp/b_menu/shingi/ chousa/shotou/131/houkoku/1404563.htm.
[②] 贺江群，胡中锋. 日本中小学校园欺凌问题研究现状及防治对策[J]. 中小学教育，2016（4）：64-67.

第七章 中小学校园欺凌问题防治策略探讨

一、"内功修炼"：提升学生思想品德素养与欺凌防范能力

（一）丰富学校教育内容，优化道德教育及安全教育课程质量

1. 开展校园文化建设，营造整体和谐的校园氛围

校园欺凌事件的发生逃脱不开学校这一主体，不管是在学校内发生的欺凌事件，还是因为在学校期间的影响而产生的欺凌行为，都说明着学校对于防控校园欺凌行为的重要性。应高度重视学校对于孩子的影响，这一影响除了表现在课堂内，也表现在课堂外学校整体的文化氛围。和谐友爱的学校氛围会潜移默化地影响学生的行为，有助于形成良好的同学关系，也因此会减少校园欺凌事件的发生，而反之亦然。故，校园文化的建设不可忽视。每一所学校都有自己独特的校园文化，在校园中的学生和教职工都会受到这一文化的感染，在思想和行为上留下痕迹。利用好这一特点，将反欺凌的校园文化融入其中，这对于减少校园欺凌将有极大的帮助。营造和融入新的校园文化，广泛的宣传不可少，学校的各处宣传栏、文化角、校园广播等都可以发挥作用。除了这种单向的传播外，还可以将校园活动、班会等利用好，开展反校园欺凌主题活动，让学生在活动中更加深入地了解和思考，对于校园欺凌行为有正确的认知，在内心排斥欺凌行为的同时也能心怀善意，对受到校园欺凌的同学提供帮助。而营造和谐友爱的校园氛围也是校园文化建设的重要部分，不良的校园氛围和冷漠的同学关系是校园欺凌行为滋生的土壤，因而学校对校园文化的建设，和谐氛围的营造责无旁贷，也万不可忽视。

2. 加强道德教育力度，重在提升青少年的品德修养

我国普通中小学的教育由五部分组成，即德智体美劳全面发展的教育。其中，德育排在第一位，其明确了学校不仅要通过传授文化知识来培养人，也要通过道德教育来培养学生的品德。加强道德教育，让学生的认识水平得到相应发展，在价值观形成方面得到正确的引导，提升品德修养，成为一个有良好道德情操的人。应充分发挥学校的育人作用，提高道德

觉悟和认识，陶冶道德情感，锻炼道德意志，树立道德信念，培养道德品质，养成道德习惯。对于校园欺凌问题来说，良好的、到位的道德教育能让学生从内心远离欺凌行为，从根源处杜绝欺凌行为。为此，学校要将道德教育重视起来，同智育一样，要努力钻研，开展多样的教育形式。在课程方面，成立教研组，不断改进旧课程，开发新课程。在课程中，融入关于校园欺凌相关的内容，但是重点还是在于培养学生良好的品德和积极向上的态度。另外，在开展德育课程时，也要根据学生的道德发展阶段特征有针对性、个性化地进行开展，能够根据不同年龄阶段学生的发展特点有针对性地开展教育，方能充分发挥德育的应有功效。除课程外，也要从多方面进行道德教育，从各种活动中锻造学生的品质。通过提升学生的品德修养，从根源上解决校园欺凌问题，把欺凌的苗头扼杀在摇篮里。

3. 补充安全教育内容，提升学生的欺凌防范意识及能力

在中小学生中普遍性地强化安全教育，是帮助学生提高自我保护意识及能力，帮助其掌握面对校园欺凌时自救方法与能力的最为直接的方式之一。对于中小学生而言，学校是其主要生活场域。这也就意味着家长是更理解和懂得孩子的人，孩子的一言一行都在其关注范围内，这种状况进而决定了学校应更多地担负起对儿童进行安全教育的职责。

与此同时，为提升安全教育在防范校园欺凌问题上的针对性，学校可以通过将校园欺凌的防治教育内容纳入对学校校长、教师的师德素养、教育教学等各类培训当中，从转变学校管理者对校园欺凌的看法立场入手，在全校范围内形成加强安全教育、防控校园欺凌的认知共识。在此基础上，各中小学可以通过借鉴他国以"防治校园欺凌"为核心内容的教育主题的形式，专设活动周、活动月、主题班会、讲座、研讨会等，将安全教育与防范校园欺凌建立多样化的联系，以此增强教育效力。再者，学校还可以与校外社会组织建立合作，邀请相关职能群体进入校园，为学生传授实用性技巧及经验。

总之，无论从话语倾向抑或是实际内容，安全教育在学校各科教育教学活动当中均应有所渗透。实践证明，只有当安全教育的精神切实融入学校建校办学理念当中，将对安全教育的重视程度提升到与知识教育、素质教育等模块同等高度时，一所学校才有可能真正在其学生群体中树立起牢固的安全责任意识，才能引起广大学生群体自觉学习安全知识，掌握自我保护能力的自觉性。如此便是在从根源上用全面系统的安全教育将学生"武装"起来，这有利于根本性、长效性地帮助学生免受校园欺凌等诸多相关问题的侵害，安全教育之于学生的成长将受益终身。

（二）提升家庭教育品质，创造有益子女身心健康的家庭空间

家庭教育是每个人的教育过程中不能忽视的重要一环，其质量的高低直接关系到个体

能否健康成长。校园欺凌问题的防控需要家庭和家长的积极参与和支持。为此，应高度重视家庭的教育品质建设，为孩子提供良好的教育空间。

1. 从传统家风文化之中寻得教育启示

中国传统文化的核心是以家庭伦理为基石的道德文化，而且我国古代传统家训提倡以德立身，厚德载物，这些传统家训和传统家庭文化并非完全过时，其中的精华在当今家庭教育中仍然具有重要意义。所以解决校园欺凌问题可充分吸收和发扬传统文化的精华，提升中小学生的内在自我修养，加强中学生的"内在修炼"。

首先，将"严于律己，宽以待人"的处事智慧融入家庭教育的理念当中。校园欺凌问题的发生很大原因在于学生不能正确地处理同学之间的人际关系，更多的是自私地关心自己的利益得失，不能容忍他人的缺点。唐代著名文学家韩愈在《原毁》中说："古之君子，其责己也重以周，其待人也轻以约。重以周，故不怠；轻以约，故人乐为善。"这说明处理人际关系时要坚持宽以待人的良好品质。在学校日常处理人际关系的过程中也要坚持这些传统文化中涉及人际关系的原则，在生活中能容忍别人的缺点，学会谦让。学会宽容、容忍的品质不仅仅是停留在言语的口头教育上，更要体现在生活中的各种小事情上，以小见大，从心底真正地理解和认同这种文化精神，可以减少或抑制校园欺凌问题的发生诱因。

其次，将"严慈相济，爱子贵均"的教育原则贯穿至家庭教育的过程当中。家庭教育中父母对子女的教育方式和态度对学生身心健康具有重要影响。父母在家庭教育过程中，一要坚持严慈相济，二要坚持严慈结合，不溺爱或者过于严厉地对待子女。校园欺凌事件的发生很大程度上是因为家庭教育中过于严厉，子女犯错直接采取打骂的态度，或者直接放任不管，这种过度严厉或者过度放纵的态度在很大程度上成为校园欺凌现象发生的家庭诱因。所以父母在教育子女时要掌握好"度"，秉持"严慈相济"的原则。同时，对于多子女家庭来说，应坚持公平原则，每一个孩子都是家庭中的一分子，在家庭中都享有同等被爱和受教育的权利，家长不能按自己的喜好随意剥夺其权利。家庭中受到不公平待遇的学生往往会在心里产生自卑感，这部分群体在学校中也常是被欺凌者的主要群体之一，所以家庭教育不能忽视公平问题。

2. 在父母长辈关怀之下满足情感需要

有研究发现，家庭的凝聚力较低会导致子女实施欺凌的概率增加[1]，缺乏家庭温暖以及

---

[1] SMITHP K, BOWERS L, BINNEY V, et al. Cohesion and power in the families of children involved in bully/victim problems at school: an Italian replication[J]. Journal of Family Therapy, 2010, 14（4）: 371-387.

家庭暴力频繁的青少年，其实施欺凌的概率也显著增高[1]。另外，父母间的争吵、父母与儿童的争吵、亲子间关系不亲密、缺少温暖等都会使儿童更可能卷入欺凌事件[2]，同时，亲子关系与被欺凌、欺凌有着显著的负相关关系[3]。除此之外还有研究证实，目睹家庭暴力的孩子，有71%的曾在学校中受过欺凌，而对于没有亲历父母间家庭暴力中的孩子，只有56.9%的曾在学校中受过欺凌[4]。上述这些研究结论，也侧面佐证了一个良好的家庭氛围，以及父母、长辈在子女生活中所扮演的角色、提供的帮助和给予的关怀，对缓解学生的心理压力，平复紧张情绪，满足子女在成长过程中的情感需要，对于保证学生的健康心态，避免其选择欺凌、暴力等过激手段宣泄内心情感具有重要作用。

弗洛姆曾说过："达到人际的协调和我与另一个人融为一体，在于爱。"[5]为此，家庭应当尽可能多地给予子女关怀，这种关怀既包括生存上的关怀，也包括发展上的关怀和不容忽视的情感上的关怀。有调查显示，受欺凌孩子在学校遭遇欺凌时，不会或不愿意主动告知父母[6]。这些孩子可能出于不希望父母担心，不愿意破坏自己在父母心目中的优秀形象等原因选择了隐瞒，但这种隐瞒往往是加剧欺凌危害的原因之一。而这也反映出父母对其子女在关怀教育方面一定程度上的缺失。当子女感到自己无法向父母完全敞开心扉袒露无助和寻求帮助时，这也是在变相加重欺凌给其带来的伤害和折磨。

总之，子女如果能够在一个民主温馨的家庭氛围中成长，长期感受到来自父母长辈的亲切关怀，一方面将帮助其塑造更为强大的心理素质；另一方面也将使其更易养成乐于帮助和关爱他人的思想品质与行为习惯。具有关爱精神的孩子，既懂得爱护自己，也更知晓关怀他人，这种情感将使得他们能够习惯性地、发自内心地向外界表达和传递善意，自然也就不可能会对外界产生诸如欺凌、暴力等违背内心善良本性的动机和行为。

（三）重视社会文化建设，创建和谐友爱的社会文化环境

1. 肃清不良文化传播，彻底铲除社会文化毒瘤

随着信息化时代的到来，社交网络媒体所带给孩子的影响不容小觑。近些年来，虽然全国各地都在推进社会主义精神文明建设，在净化文化市场、优化文化环境方面做了大量

---

[1] STRASSBERG Z, DODGE K A, PETTIT G S, et al. Spanking in the home and children's subsequent aggression toward kindergarten peers[J]. Development & Psychopathology, 1994, 6（3）: 445-461.
[2] LEE S T, WONG, D S. School, parents, and peer factors in relation to Hong Kong students' bullying[J]. International Journal of Adolescence and Youth, 2009, 15（3）: 217-233.
[3] 凌辉, 李光程, 张建人, 等. 小学生亲子关系与校园欺凌: 自立行为的中介作用[J]. 中国临床心理学杂志, 2018, 26（6）: 1178-1181, 1172.
[4] BALDRY A C. Bullying in schools and exposure to domestic violence[J]. Child Abuse & Neglect, 2003, 27（7）: 713-732.
[5] 弗洛姆. 爱的艺术[M]. 刘福堂, 译. 北京: 人民文学出版社, 2018: 21.
[6] 沈辉香, 戚务念, 范远波. 校园欺凌防治的家庭关怀建构[J]. 当代教育科学, 2021（8）: 62-68.

工作，但对于未成年人成长的文化环境仍需进一步优化。具体而言，受市场经济的影响，当今社会一些社交及网络媒体在进行文化创作、宣传、报道类活动工作时，在内容的选择、审核等方面可能会优先考虑其所伴生的经济效益，缺乏对青少年这一特殊群体所带来不良导向与影响的关注，而这些也成为滋生青少年不健康心理状态的"温床"。例如，当今社会中的网络、影视、动漫等文化产品中，可能会掺杂暴力、凶杀以及色情等失范性内容。从一些打打杀杀的电视动画片到黑社会称王称霸的电视镜头；从渲染暴力的"纪实文学"到追求轰动性新闻的大小报纸可能在青少年的心灵深处留下不良的记忆，这为他们的模仿提供了鲜活的"榜样"。有学者曾指出不良社会影响在青少年犯罪中扮演了"帮凶"的角色。对此，社科界韦建桦委员曾特别指出，要看到大众传媒和精神产品对全民族的思想道德建设有着特殊的渗透力和影响力，即应当更加重视其社会效益[1]。

因此，社会大众媒体有义务为青少年营造良好的社会生长环境，加强对文化市场的监管，及时肃清不良的文化传播。在相关实践过程中，新闻出版部门、广电部门、文化传媒类企业和公安机关等职能主体需密切合作，可以采取"疏、导、堵"相结合的方式。首先媒体应被严格禁止对带有过度渲染暴力色彩的文化产品施以不当宣传乃至错误推崇；同时需在全行业范围内加强自审与互纠，加大对各自管辖范围内相应文化产品的管理和审批力度，以严格把关流入市场的文化产品，整体上加强对文化活动、影视作品、网络游戏的合理管控，依法取缔其中的不良文化产品，坚决杜绝暴力文化、亚文化传播，从源头抑制和阻断不良大众文化气息的产生与蔓延；除此之外，可以通过建立相应的分级管理机制等方式，尽可能规避一些潜在隐患。

2. 创造良好社会风气，大力发展社会先进文化

正如阿尔伯特·班杜拉（Albert Bandura）的社会学习理论所启，人的行为都是通过观察和模仿习得的。因此，在加强对不良文化产品整顿的同时，大众社交媒体也可以凭依自身的感召力优势，充分发挥舆论的导向和引领作用，积极占领社会主义文化阵地，宣传正能量文化信息，营造和谐的社会文化氛围，使参与社会生活的青少年群体能够潜移默化地受到积极健康的社会文化的熏陶与影响，接受到良好的社会教育。

在大众传媒在社会中影响空前广泛的今天，大众媒体对于社会文化环境的建设负有义不容辞的责任。在相关实践上，一方面大众媒体可以有针对性地加强反校园欺凌主题下相关内容的传播。如通过建立专门的青少年反欺凌网站，策划并出品以反欺凌为主要内容或

---

[1] 范绪锋，鲍东明，时晓玲，等.文化环境不"净"青少年成长不利[N].中国教育报，2002-03-10（001）.

涉及相关方面知识普及的媒体栏目等，内容上可以涉及向公众阐释校园欺凌行为的含义，宣传反校园欺凌的法规及政策内容，分析易遭受校园欺凌的人群，当欺凌发生时的应对方法，受害人如何寻求帮助等；另一方面也可以通过在全社会范围内加强道德文化建设，创设良好和谐的社会文化氛围，优化整体环境。首先，可以从整治中小学周边环境入手，以减低学生接触社会不良风气和不良人员的概率。其次，可以加强引导公德文化发挥作用，以平衡社会领域内一些道德失范行为所带来的负面影响，在此基础上可以适当提倡诸如见义勇为、帮扶幼小、互助友善等意识行为，弘扬社会主流文化，充分利用社会人文资源来引导和感化青少年群体，提升青少年的道德水准。

（四）激发个体主观能动性，鼓励学生自觉学习校园欺凌的应对之法

一场校园欺凌事件，从其发生到被介入再到被解决，以及后续的安抚与救济工作等，学生是自始至终的亲历者。因此，根治校园欺凌，归根结底是培养并提升青少年群体自身对于校园欺凌的应对和处置能力。

当校园欺凌的阴影真正笼罩在了自身周边时，力量弱小的青少年群体该当如何？首先，在受到欺凌后不能一味忍让，在保证自身安全的前提下，一般鼓励采取适度的反击性行为。这种反抗的目的不在于"以暴制暴"，而在于从反抗行为中获得一种主观上的力量感，从而消解欺凌的侮辱性；而一旦这种侮辱性被消解，欺凌者也会对欺凌丧失兴趣[1]。其次，一旦遭遇校园欺凌，应立刻告知教师及家长，及时向权威人物寻求帮助和支持。教师、家长等权威人物在第一时间介入能够对欺凌者起到一定的震慑作用，有利于阻止其持续地施加欺凌行为。而与此同时，青少年群体也要认识到教师及家长在处理校园欺凌上也并非万能的，故还有必要掌握更多寻求帮助及支持的方法，如必要时可以果断采取报警等方式，一切行动以维护自身生命安全为首要考虑。最后，对于确已遭遇过校园欺凌荼毒的青少年学生来说，要及时做好心理上的调适，可以通过自我调节或主动寻求心理辅导和救助。有学者综合多项实证研究后指出，遭受校园欺凌的学生表现出更低的自我价值感、更低的自尊水平和更低的自我效能感[2]。对此，受欺凌的学生一定要正确认识欺凌事件本身，不因此陷入自我否定、自暴自弃的泥沼当中，保持积极的自我认知，并尝试将负面经历转化成为强健自身心智的力量，勇敢地从欺凌阴影中走出来，重塑对外界社会的信任感与安全感。

总之，防治校园欺凌从青少年群体层面来看还需"双管齐下"。一方面要倚仗道德教

---

[1] 王一杰.学生应对欺凌的自我保护策略探究——基于一例个案的分析[J].现代中小学教育，2018（2）：6-9.
[2] 教育部青少年法治教育协同创新中心（华东师范大学）.校园欺凌治理的跨学科对话[J].华东师范大学学报（教育科学版），2017（2）：12-23.

化的力量，从根本上提高青少年的思想道德素质与品行修养水平，引领其自觉向成为"德智体美劳"全面发展的社会主义新人成长目标迈进；另一方面青少年群体也应在日常生活中主动寻求和接受来自学校、家庭以及社会各界给予的有关自我保护、欺凌防范、救助咨询等方面的教育及经验知识，重在锻炼自身在应对校园欺凌事件方面的意识及能力。

二、"外功加持"：强化法治建设并协调多元主体共同参与

（一）完善校园欺凌立法，加强法制宣传教育

相较于英美国家来说，我国的校园欺凌的法律体系还不够完善，对此，相关部门也在不断建立健全校园欺凌相关法律制度，为学生提供有效的法律保障。2016年11月，我国教育部等九部门联合出台了《关于防治中小学生欺凌和暴力的指导意见》，提出了规范和指导我国中小学防治校园欺凌的纲领性意见。借此，可以通过法律、法规等方面政策的完善对学生的行为进行约束和规范。但目前我国校园欺凌的相关法律知识普及教育推广还是比较薄弱的，许多研究也显示绝大多数学生对于校园欺凌相关的法律并不了解，对其所造成的法律后果也没有清晰的认知，甚至绝大多数犯了法自己也并不清楚。因此，学校和社会有关部门要加大校园欺凌的法治宣传教育，增强学生相关的法律意识和法治观念。行动是意识的反映，当然意识的强烈程度也可以通过行为折射出来，要想治理和解决校园欺凌问题，就要从法律意识方面出发，提高学生对校园欺凌的认识程度，用法律方面的强制性来对他们进行思想方面的意识约束，从而达到约束行为的效果。在约束警示的同时，也应让学生懂得用法律来保护自己，在面对欺凌事件时，要勇于用法律的利剑捍卫自己的权利。

（二）依法处理校园欺凌事件，惩罚教育并重

法律的强制性决定对于校园欺凌问题要进行依法处理，要充分发挥法律的教育惩戒威慑作用，对实施校园欺凌和校园暴力的欺凌者进行适当的惩罚和矫治，在处理校园欺凌问题时要坚持教育性、主体性和针对性原则。这主要体现在以下几个方面：第一，充分发挥教育惩戒作用，对学生进行真情帮助，真心感化。"对实施欺凌和暴力的学生，学校和家长要进行严肃的批评教育和警示谈话，情节较重的，公安机关应参与警示教育。对屡教不改、多次实施欺凌和暴力的学生，应登记在案并将其表现记入学生综合素质评价，必要时转入专门学校就读"[1]。第二，依法根据情节的严重程度进行针对性处理，"根据《中华人民

---

[1] 中国政府网.教育部等九部门关于防治中小学生欺凌和暴力的指导意见[EB/OL].（2021-05-19）[2022-06-17]. http://www.cqyc.gov.cn/jz/jaz_91969/zwgk_91973/fdzdgknr_91976/zdmsxx_91982/jy_91984/202105/t20210519_9300349.html.

共和国刑法》《中华人民共和国治安管理处罚法》《中华人民共和国预防未成年人犯罪法》等法律法规予以处置，区别不同情况，责令家长或者监护人严加管教，必要时可由政府收容教养，或者给予相应的行政、刑事处罚，特别是对犯罪性质和情节恶劣、手段残忍、后果严重的，必须坚决依法惩处。对校外成年人教唆、胁迫、诱骗、利用在校中小学生进行违法犯罪行为的，必须依法从重惩处，有效遏制学生欺凌和暴力等案件发生。各级公安、检察、审判机关要依法办理学生欺凌和暴力犯罪案件，做好相关侦查、审查逮捕、审查起诉、诉讼监督、审判和犯罪预防工作。"① 第三，对相关当事人进行后续的追踪辅导。学校要对相关的欺凌和暴力事件进行追踪，对当事学生进行辅导教育，在充分了解其行为动机及原因后，要对他们进行心理辅导，给予他们改过自新的机会，使他们及时走出心理阴影树立自信，避免遭受别人的歧视。

（三）各级主体提高责任意识，形成防治合力

1. 学校

学校作为中学生最直接的社会环境，在防治校园欺凌事件中发挥着不可替代的作用，学校可以从以下几个方面预防欺凌和暴力事件的发生。第一，组织学生认真学习并遵守《中小学生守则（2015）年修订)》《中小学法制教育指导纲要》《青少年法治教育大纲》等相关的文件，培养学生在日常的学校生活中遵守法律法规的行为习惯，尽可能从源头上预防欺凌行为的发生。第二，积极开展各种校园活动或班级活动，以"活动"的形式来加深学生对校园欺凌法律意识的认同和理解。第三，对学校周边进行环境综合治理，加强校园周边安全防范工作，通过在校园周边设置治安亭或警务室，实时关注学生上下学、学生途经重点路段的安全排查，对发现有欺凌和暴力问题的学生及时进行干预，预防该类事件的发生。

2. 家庭

家庭教育不仅要发挥情感教育的感化作用，同时也要注意发挥法律规范的强制性作用，要做到"情理相容"。父母在处理校园欺凌问题时，不能仅仅是局限于亲情感化教育，要适当地对青少年灌输来自法律方面的压力，通过法律知识的讲解使青少年认识到校园欺凌问题的严重性，通过"情理相容"原则达到抑制校园欺凌现象发生的目的。

3. 公安机关

公安机关作为社会的一种强制性机构，要加大有关校园欺凌问题的宣传力度，例如可

---

① 中国政府网. 教育部等九部门关于防治中小学生欺凌和暴力的指导意见.[EB/OL].（2021-05-19）[2022-06-17]. http://www.cqyc.gov.cn/jz/jaz_91969/zwgk_91973/fdzdgknr_91976/zdmsxx_91982/jy_91984/202105/t20210519_9300349.html.

以组织公安部门的有关人员定期到学校进行有关校园欺凌问题专题报告，对学生进行关于校园欺凌问题的教育，进而达到防患于未然的目的，从而减少校园欺凌事件的发生概率。

学校、家长、公安机关以及各方社会力量要形成合力保护学生身心免遭欺凌和暴力的危害。如果发现欺凌事件，学校要及时通知家长并报告上级教育主管部门，严重时通知公安机关介入调查。严格保护学生的隐私，避免泄露学生的个人及家庭情况的相关信息，防止通过网络传播导致事态恶化，以免学生遭受二次伤害。

三、"防治结合"：完善"预警+干预"的校园欺凌长效治理机制

（一）完善以学校为中心的欺凌"预警机制"

"预警"主要是为了监测、预报和警示校园欺凌事件的发生，预警机制是防止校园欺凌事件发生乃至产生恶劣影响的重要预判机制。众所周知，校园欺凌事件大多是在学校内部及周边发生的，建立以学校为枢纽的预警机制，将有助于较为准确地监测学生的行为和活动，对欺凌行为可以作出较好的预判。为此，学校可在以下方面有所努力：

第一，加强防范校园欺凌宣传教育工作。学校可以通过课堂教学、专题讲座、班会等形式对学生进行校园欺凌教育，在进行教育的过程中尽量结合一些典型的案例进行专题教育，从而加深和提高学生对于校园欺凌问题的危害性认识，增进学生的自我防护意识，自觉遵守有关的法律法规，规范自己的言行举止。同时要对教职工进行主题教育，使教师严格遵守教师职业道德行为规范，不对学生实施语言暴力和行为暴力，并且提高他们的责任意识。通过家访、开家长会帮助家长了解法律知识，提高他们加强对孩子的看管和教育的责任意识，与家庭形成合力共同教育学生遵守各项行为规范，将校园欺凌的"种子"扼杀在摇篮里。

第二，高效发挥电子监控技术对学生的行为监控。伴随着电子信息技术的发展，电子监控已经成为对学生进行行为监控的重要手段之一。一方面，学校可以在适宜的地方安装电子监控系统，不仅可以为校园欺凌事件的处理提供证明材料，还可以通过监控手段对学生形成某种威慑力，使学生清楚地意识到自己的欺凌行为是会被监控到的，从而控制自己的行为；另一方面，对于校园内无法监控到的区域，学校要安排相关人员进行定时的巡查。此外，电子监控所能监控到的欺凌行为大都是可见的显性欺凌行为，像语言欺凌、关系欺凌等，还有一些隐性的、不能被监控到的欺凌，需要有关人员深入学生群体之中才能了解到。

第三，重视校园安全管理工作。中小学要建立健全预防校园欺凌和校园暴力安全的工

作，在计划中明确规定学校各主体、各部门在校园安全方面应该负有的责任，可以采取一定奖惩措施，对校园安全计划完成成绩突出的个人或部门进行物质和精神方面的奖励，反之则进行相应的惩罚或者批评；同时，建立有关校园欺凌的早期预警机制，对校园欺凌和校园暴力行为尽量做到早发现、早预防、早治理。例如，每一所学校均应及时跟踪本校学生的心理健康情况，还需定期对学生的随身物品进行排查，禁止学生将危险物品带进校园中来，一经发现就要及时进行相关教育。特别要关注学生中行为反常、突然成绩下降、旷课等的学生，深入了解具体相关情况，及时与家长进行各方面沟通，防患于未然。最后基于各项调查评估结果，制定专门的校园欺凌防范与应急方案以备不时之需。

（二）建设家庭、学校、公安部门等多方联动的欺凌"干预机制"

校园欺凌的治理工作是一项综合性、系统性工程。我国校园欺凌问题的长效解决亟须整合学校、家庭以及社会多职能部门的多元力量，各主体优势互动、齐抓共管，方是良策。

首先，加紧建设以学校为枢纽，多主体协同参与的欺凌发生应急机制。针对已经发生或已经察觉的校园欺凌事件，尤其是对那些受到欺凌后主动向学校、家长或有关部门寻求帮助的学生，学校方面必须及时对有关欺凌情况进行客观真实的调查和讨论，根据本校的有关规章制度及时有效地处理，确保在第一时间终止欺凌行为再次发生，以防对被欺凌者进行二次伤害。同时，根据情节的严重程度，对欺凌者进行有关规定的警告、批评、惩罚等，学校范围内尚且不构成犯罪的校园欺凌行为也要按照规定进行严肃处理，以示惩戒。处罚过轻，不仅对被欺凌者不公平，也难以在校园中达到警示目的，学生会在潜意识中形成即使犯错也会从轻处理的想法，最终会令学生对学校丧失信心，以后若再有类似情况将不再会向学校报告，这样不仅会导致二次校园欺凌行为，也有可能产生更严重的恶果。对于情节非常严重并触及有关法律规定的要及时向公安部门备案，并协助相关部门进行全方位的调查，然后针对调查结果进行处理。任何一个校园欺凌事件都不仅仅是学校或者家长抑或是公安部门必须要解决的事情，而应该是学校、家长、公安部门共同形成合力，共同对欺凌事件进行全面的处理，以免再次发生不可控制的后果。

其次，进一步健全欺凌事件发生后的中间性干预措施及制度。俗话说：单丝不成线，独木不成林。同理，校园欺凌事件的预防和处理不是一个主体或一个部门的事件，而是有关主体或相关部门共同形成合力作用的结果。学校、家庭以及社会有关部门均是校园欺凌问题防治工程的重要参与者，学校、家庭以及社会相关部门面对校园欺凌需秉持同仇敌忾的态度，加强合作，齐抓共管，有效提高处理校园欺凌行为的专业水平。在相关实践举措方面，例如北京、上海等地已经试行的"驻校社工"措施，这种校外专业人员的驻校服务机制在推动校园欺凌的多维处理方面取得了较好效果，它将更多专业人士吸纳到中小学校园欺凌的预防、治理、宣传工作过程当中，为各中小学校园欺凌问题的防控问题制定出了更为专业化和特色化的行动方案。

再次，进一步加强校园欺凌的相关安抚救济工作，尤其是在欺凌事件发生后。如前所言，校园欺凌事件往往伴有反复性、持续性的特征，一起欺凌事件的发生往往会给遭受欺凌的学生的身心成长方面带来潜在的、长期的伤害，甚至影响其健康人格和价值观养成。因此，当前有关部门在完善校园欺凌预防和处置流程的同时，还要注重对遭受欺凌学生的安抚工作，完善相关救济体系。其中，学校作为学生日常生活的主要活动区域，理应承担起对建立校园欺凌安抚救济体系的首要责任，它包括在欺凌发生时，教师或有关人员应第一时间全面了解受欺凌学生的身心状况，及时对其采取适当的情绪安抚，并在必要时辅以专业的心理疏通。对于学生心理情况的关注须贯穿在事件处理的全过程，并在事件解决后加以定期或不定期的追踪复查。学校之余，家庭是学生另一重要生活场所，家长同样在校园欺凌的安抚救济工作中扮演着重要角色。家长在日常生活中应密切关注子女们在遭受欺凌前后情绪、心理、行为等方面的变化，警惕异常举止的出现，积极与子女进行交流沟通，帮助其缓解和释放恐慌、害怕、愤怒、压抑等不良情绪，帮助受欺凌子女重树对他人及外界环境的信任感和安全感。除此之外，社会主体在校园欺凌的安抚救济方面发挥着重要的补充作用，各类社会组织或个人可以各扬其长、各司其职，为遭受校园欺凌的青少年群体搭建具有更高专业效度的安抚救济平台，包括提供身体诊疗、情绪安抚、心理咨询、法律援助服务等。

参考文献

[1] 辞海编辑委员会.辞海[M].上海：上海辞书出版社，1999.

[2] 王大伟.校园欺凌：问题与对策[M].北京：中国国际广播出版社，2017.

[3] 马斯洛，等.人的潜能和价值：人本主义心理学译文集[M].北京：华夏出版社，1987.

[4] 弗洛姆.爱的艺术[M].刘福堂，译.北京：人民文学出版社，2018.

[5] 王焱.转型与发展：社会治安防控体系研究[M].天津：天津社会科学院出版社，2014.

[6] 张文新.青少年发展心理学[M].济南：山东人民出版社，2002.

[7] 宗春山.少年江湖：校园欺凌的预防和应对[M].上海：华东师范大学出版社，2018.

[8] 黎翔凤.管子校注[M].北京：中华书局，2004.

[9] 张仁贤，李纯青，解孟林.校园欺凌的应对与预防[M].北京：世界知识出版社，2017.

[10] 科卢梭.如何应对校园欺凌[M].肖飒，译.上海：华东师范大学出版社，2017.

[11] 杜尔凯姆.自杀论[M].钟旭辉，马磊，林庆新，译.杭州：浙江人民出版社，1988.

[12] 诺丁斯.学会关心：教育的另一种模式[M].于天龙，译.北京：教育科学出版社，2003.

[13] 桑标.儿童发展心理学[M].北京：高等教育出版社，2009.

[14] 佟丽华.未成年人法学·学校保护卷[M].北京：法律出版社，2007.

[15] 杨东平，杨旻，黄胜利.教育蓝皮书：中国教育发展报告（2017）[M].北京：社会科学文献出版社，2017.

[16] 中共中央宣传部.习近平新时代中国特色社会主义思想学习纲要[M].北京：学习出版社，2019.

[17] 陈悦，陈超美，胡志刚，等.引文空间分析原理与应用：CiteSpace实用指南[M].北京：科学出版社，2014.

[18] OLWEUS D. Bullying at school: what we know and what we can do[M]. Oxford: Blackwell, 1993.

［19］北澤毅.「いじめ自殺」の社会学「いじめ問題」を脱構築する[M].东京：世界思想社，2015.

［20］习近平.在北京大学师生座谈会上的讲话[N].人民日报，2018-05-03（01）.

［21］习近平.坚持中国特色社会主义教育发展道路　培养德智体美劳全面发展的社会主义建设者和接班人[N].人民日报，2018-09-11（01）.

［22］谢安国.习近平立德树人思想的科学内涵和重大意义[J].国家教育行政学院学报，2018（8）：9-14.

［23］全晓洁，靳玉乐.校园欺凌的"道德推脱"溯源及其改进策略[J].中国教育学刊，2017（11）：91-96.

［24］杜时忠.当前学校德育的三大认识误区及其超越[J].教育研究，2009（8）：78-82.

［25］姚建龙.应对校园欺凌，不宜只靠刑罚[N].人民日报，2016-06-14（05）.

［26］凌辉，李光程，张建人，等.小学生亲子关系与校园欺凌：自立行为的中介作用[J].中国临床心理学杂志，2018，26（6）：1178-1181，1172.

［27］王祥.中小学校园欺凌防治探究[D].南京：南京师范大学，2018.

［28］孟小妹.我国农村中学校园欺凌现象调查[J].科技经济导刊，2016（31）：162.

［29］刘皓颖.中小学校园欺凌问题及其对策研究[D].桂林：广西师范大学，2017.

［30］向敏.中美校园欺凌防治比较研究[D].武汉：华中师范大学，2016.

［31］康钊，郭军.中小学校园欺凌行为成因及规避策略——基于权利根源理论视角[J].现代中小学教育，2019，35（11）：72-75.

［32］洪福源.国中校园欺凌行为与学校气氛及相关因素之研究[D].彰化：台湾彰化师范大学，2001.

［33］胡春光.校园欺凌行为：意涵、成因及其防治策略[J].教育研究与实验，2017（1）：73-79.

［34］包晓峰.班杜拉社会学习理论述评[J].文教资料，2006（7）：78-79.

［35］夏玉珍.转型期中国社会失范与控制[J].华中师范大学学报（人文社会科学版），2002（5）：28-32.

［36］段威.校园欺凌的成因与防治——法学与社会学间的对话[J].青少年犯罪问题，2018（2）：22-27.

［37］黄亮，赵德成.家庭社会经济文化地位与学生遭受校园欺凌关系的实证研究——家长支持和教师支持的中介作用[J].教育科学，2018（1）：7-13.

［38］林进材.校园欺凌行为的类型与形成及因应策略之探析[J].湖南师范大学教育科学学报，2017，16（1）：1-6.

［39］晁亚群.美国校园欺凌的概念界定及其对学校责任的影响[J].世界教育信息，2017，30（20）：65-72.

［40］张文娟，裴丽颖，宫秀丽.学校欺负干预研究综述[J].山东师范大学学报（人文社会科学版），2004（3）：25-28.

［41］赵敏.学校场域是中华优秀传统文化传承的重要载体[J].教育发展研究，2017，37（Z2）：3.

［42］覃丽君.发挥多元主体参与的力量：芬兰中小学反校园欺凌计划的实施及启示[J].外国中小学教育，2017（9）：48-53.

［43］王祈然，吴会会.教师校园欺凌认知的实然状况与应然取向[J].当代青年研究，2018（2）：116-121.

［44］刘旭东.以学校为主导：台湾校园欺凌治理经验[J].河南师范大学学报（哲学社会科学版），2018，45（3）：143-150.

［45］丁辉.校园关系欺凌行为心理机制及预防研究[J].学校党建与思想教育，2021（8）：69-70.

［46］陈光辉.中小学生对欺负现象本质内涵的感知[J].心理与行为研究，2014，12（5）：639-644.

［47］王秋香.强势与弱势的错位：农村"留守儿童"社会化问题分析[J].理论月刊，2007（1）：167-169.

［48］国耀华.论农村留守学生的教育管理[J].吉林省教育学院学报（上旬），2012，28（1）：58-60.

［49］尹力.我国校园欺凌治理的制度缺失与完善[J].清华大学教育研究，2017，38（4）：101-107.

［50］王祈然，陈曦，王帅.我国校园欺凌事件主要特征与治理对策——基于媒体文本的实证研究[J].教育学术月刊，2017（3）：46-53.

［51］张世麒，张野，张珊珊.初中生师生关系在心理虐待忽视与校园欺凌间的中介作用[J].中国学校卫生，2018（8）：1182-1184，1188.

［52］屈书杰，贾贝贝.英国校园欺凌综合治理体系及其对中国的启示[J].河北大学学报（哲学社会科学版），2018，43（1）：57-63.

［53］许明.英国中小学校园欺凌现象及其解决对策[J].青年研究，2008（1）：44-49.

［54］董新良，姚真，王瑞朋．英国中小学校反欺凌行动研究[J]．比较教育研究，2017（9）：95-102．

［55］赵芳．英国为解决校园欺凌问题提供创新方案[J]．世界教育信息，2016（21）：78-79．

［56］刘礼兰，肖登辉，孟凡磊．美国校园欺凌的法律规制[J]．教育科学研究，2017（7）：77-82．

［57］马倩，徐洁，陶夏．美国规制校园欺凌的三维体系及其组件[J]．教育学术月刊，2016（10）：49-54，68．

［58］马焕灵，杨婕．美国校园欺凌立法：理念、路径与内容[J]．比较教育研究，2016（11）：21-27．

［59］杨川林．英美校园霸凌防治的教育政策研究[J]．教育研究，2016（3）：141-149．

［60］周晓晓．美国中小学校园欺凌预防干预措施研究[D]．上海：华东师范大学，2018．

［61］郑海啸．美国中小学校园欺凌防治措施及实践启示[D]．杭州：浙江工业大学，2019．

［62］孟凡壮，俞伟．美国校园欺凌法律规制体系的建构探析[J]．比较教育研究，2017，39（6）：43-49．

［63］周华珍，何子丹．关于国外校园欺负行为的干预经验研究及其启示[J]．中国青年研究，2009（8）：5-8．

［64］乔东平，文娜．国内外校园欺凌研究综述：概念、成因与干预[J]．社会建设，2018，5（3）：5-15，64．

［65］赵茜，苏春景．美国以学校为基础的欺凌干预体系探析[J]．外国教育研究，2018，45（1）：106-116．

［66］刘冬梅，薛冰．美国校园欺凌的防治策略及借鉴[J]．河南师范大学学报（哲学社会科学版），2020，47（2）：151-156．

［67］向敏．中美校园欺凌防治比较研究[D]．武汉：华中师范大学，2016．

［68］张爽．日本校园欺凌现象治理及其启示[J]．教学与管理，2019（32）：56-58．

［69］蔡晓宇．日本中小学校园欺凌法制研究及对我国的启示[J]．教育参考，2017（6）：54-59．

［70］任海涛，闻志强．日本中小学校园欺凌治理经验镜鉴[J]．复旦教育论坛，2016（6）：106-112．

［71］郭婕，马钰．日本中小学校园欺凌防治的经验及启示[J]．教育评论，2020（4）：153-157．

［72］陈海燕．立德树人的意蕴与价值[J]．文教资料，2021（8）：120-122．

［73］张京品．治理校园欺凌的日本实践[J]．云南教育（视界综合版），2019（6）：9-11．

［74］滕雪丽，张香兰．日本校园欺凌的预防与干预[J]．当代教育科学，2020（3）：72-76．

[75] 贺江群,胡中锋.日本中小学校园欺凌问题研究现状及防治对策[J].中小学教育,2016（4）:64-67.

[76] 樊婷婷.英国反欺凌联盟（ABA）反校园欺凌援助研究[D].重庆:西南大学,2020.

[77] 全晓洁,靳玉乐.校园欺凌的"道德推脱"溯源及其改进策略[J].中国教育学刊,2017（11）:91-96.

[78] 张志勇.防范学生欺凌 落实立德树人[N].人民政协报,2018-01-03（11）.

[79] 潘虹.中学校园欺凌问题及其成因研究——以×中学为例[D].兰州:西北民族大学,2017.

[80] 章恩友,陈胜.中小学校园欺凌现象的心理学思考[J].中国教育学刊,2016（11）:13-17.

[81] 马帅,侯金芹,陈祉妍,等.同伴侵害对学业成绩的影响机制:有调节的中介模型[J].中国特殊教育,2021（5）:66-72.

[82] 钟意,杨阳.不是我的错——如何应对校园欺凌[J].中小学心理健康教育,2021（14）:44-46.

[83] 张烁.把思想政治工作贯穿教育教学全过程 开创我国高等教育事业发展新局面[N].人民日报,2016-12-09（01）.

[84] 苗小燕,张冲.大中小学德育一体化研究的热点与发展趋势——基于CNKI数据库的CITESPACE分析[J].中国特殊教育,2018（8）:85-90.

[85] 陈悦,陈超美,刘则渊,等.CiteSpace知识图谱的方法论功能[J].科学学研究,2015（2）:242-253.

[86] 王娟,陈世超,王林丽,等.基于CiteSpace的教育大数据研究热点与趋势分析[J].现代教育技术,2016（2）:5-13.

[87] 孙时进,邓士昌.青少年的网络欺凌:成因、危害及防治对策[J].现代传播（中国传媒大学学报）,2016,（2）:144-148.

[88] 高中建,杨月.青少年网络欺凌的历史回放及现实预防[J].青年发展论坛,2017（2）:60-71.

[89] 何丹.青少年网络欺凌研究述评[J].中小学心理健康教育,2017（3）:4-7.

[90] 程莹.校园网络欺凌治理的路径:以共青团为中心[J].现代中小学教育,2017（1）:84-86.

[91] 冯建军.网络欺凌及其预防教育[J].教育发展研究,2018（12）:49-54.

[92] 周梦婷,孙明娟.初中生网络欺凌实证分析及对策研究[J].法制博览,2019（17）:181-183.

[93] 刘雨晴.初中生校园欺凌问题及治理对策研究[D].牡丹江:牡丹江师范学院,2019.

[94] 李芳霞.学生欺凌行为状况调查及干预策略研究[J].宁夏社会科学,2017(3):133-136.

[95] 黄亮.我国15岁在校学生遭受学生欺凌的情况及影响因素——基于PISA2015我国四省市数据的分析[J].教育科学研究,2017(11):36-42.

[96] 薛玲玲,王纬虹,冯啸.学生欺凌重在多元防控——基于对C市中小学学生欺凌现状的调查分析[J].教育科学研究,2018(3):24-29.

[97] 林进材.台湾地区中小学欺凌行为及因应策略之研究[R].2016.

[98] 吴要武,侯海波.学生欺凌的影响与对策——来自农村寄宿制小学的证据[J].劳动经济研究,2017(6):36-55.

[99] 朱桂琴,陈娜,宣海宁.农村寄宿制初中生同伴关系与学生欺凌实证研究——以河南省4乡5校为例[J].教育研究与实验,2019(2):68-76.

[100] 胡咏梅,李佳哲.谁在受欺凌?——中学生校园欺凌影响因素研究[J].首都师范大学学报(社会科学版),2018(6):171-185.

[101] 刘悦.初中生关系欺凌成因及对策研究[D].长春:东北师范大学,2021.

[102] 王祈然,吴会会.教师校园欺凌认知的实然状况与应然取向[J].当代青年研究,2018(2):116-121.

[103] 章恩友,陈胜.中小学校园欺凌现象的心理学思考[J].中国教育学刊,2016(11):13-17.

[104] 全晓洁,靳玉乐.校园欺凌的"道德推脱"溯源及其改进策略[J].中国教育学刊,2017(11):91-96.

[105] 胡春光.校园欺凌行为:意涵、成因及其防治策略[J].教育研究与实验,2017(1):73-79.

[106] 张诗雅,黄甫全.校园欺凌问题的调查研究[J].全球教育展望,2017,46(3):103-117.

[107] 张玉晴.积极心理学视域下校园欺凌成因及对策探析[J].当代教育论坛,2018(1):55-62.

[108] 邹红军,柳海民.基于社会控制论的校园欺凌现象初探[J].教育理论与实践,2017(22):26-29.

[109] 姜雪南.学校社会工作介入中小学校园欺凌问题研究[J].法制与社会,2017(35):154-155.

[110] 梁建雄.校园欺凌,社会工作的视角与介入[J].中国社会工作,2017(1):12-13.

[111] 林晓君.社工组建合作联盟,预防校园欺凌[J].中国社会工作,2017(1):13.

[112] 王祈然,陈曦,王帅.我国校园欺凌事件主要特征与治理对策——基于媒体文本的实证研究[J].教育学术月刊,2017(3):46-53.

[113] 郭开元.论校园欺凌的预防和处置机制[J].预防青少年犯罪研究,2017(6):13-19.

[114] 任海涛.校园欺凌者及监护人"中间性处罚"法律责任研究[J].教育发展研究,2018(12):55-63.

[115] 陈纯槿,郅庭瑾.学生欺凌的影响因素及其长效防治机制构建——基于2015青少年学生欺凌行为测量数据的分析[J].教育发展研究,2017(20):31-41.

[116] 周焓,杨春磊.校园欺凌中学校民事责任的承担及防范——由(2016)冀02民终2549号案件引发的思考[J].长江大学学报(社会科学版),2019(2):62-66.

[117] 安杨.校园欺凌中的学校侵权责任探究[J].中国青年社会科学,2017,36(5):102-108.

[118] 闫书凤.浅论中小学教育的立德树人[J].教育实践与研究(A),2014(1):5-7.

[119] 张斌.我国反校园欺凌立法问题检视[J].当代教育科学,2018(2):79-82,96.

[120] 欧阳国亮.校园欺凌的成因分析与防治对策[J].中小学德育,2019(3):41-43.

[121] CHAN H C, CHUI W H. Social bonds and school bullying: a study of Macanese male adolescents on bullying perpetration and peer victimization[J]. Child and Youth Care Forum, 2013, 42(6): 599-616.

[122] KAUKIAINEN A, SALMIVALLI C. KiVa antibullying program parents' guide[R]. Helsinki:Finnish Ministry of Education and Culture, 2009:4, 10, 17.

[123] HOOVER JH, JUUL K. Bullying in Europe and the United States[J]. Journal of Emotional & Behavioral Problems, 1993, 2(1): 25-29.

[124] OLWEUS D. Bully/victim problems among schoolchildren: basic facts and effects of a school based intervention program[J]. Development & Treatment of Childhood Aggression, 1991: 411-448.

[125] Jan Van Dunne.Narrative coherence and its function in judicial decision making and legislation[J].The American Journal of Comparative Law, 1996(44): 463-478.

[126] 教育部.教育部等十一部门联合印发《加强中小学欺凌综合治理方案》[EB/OL].(2017-12-17)[2018-04-28]. http://www.moe.gov.cn/jyb_xwfb/xw_fbh/moe_2069/xwfbh_2017n/xwfb_20171227/Sfcl/201712/t20171227_322964.html.

[127] 中华人民共和国教育部[EB/OL].(2016-11-11)[2016-12-02]. http://www.moe.edu.cn/srcsite/A06/moe_717/201611/t20161111_288490.html.

［128］中华人民共和国刑法[EB/OL].（2015-08-30）[2016-09-16]. http://www.npc.gov.cn/zgrdw/npc/xinwen/2015-08/31/content_1945587.htm.

［129］科学网.儿童受欺凌影响成年后健康[EB/OL].（2014-05-13）[2018-12-10]. http://blog.sciencenet.cn/blog-41174-794157.html.

［130］习近平：全面贯彻落实党的教育方针 努力把我国基础教育越办越好[EB/OL].（2016-09-09）[2017-10-23]. http://www.xinhuanet.com/politics/2016-09-09/c_1119542262.htm.

［131］校园欺凌带来的危害[EB/OL].[2020-02-22]. http://www.antibul.sdnu.edu.cn/info/1016/1034.htm.

［132］两会代表提议修改《教师法》：明确赋予老师教育惩戒权，该罚的就得罚！[EB/OL].（2019-03-15）[2021-10-19]. https://mp.weixin.qq.com/s?_biz=MzIxMzAxMTc1MQ==&mid=2649596214&idx=1&sn=8a03927d1765d0c6abb1cc2acbdc3cb5&chksm=8fa45d7eb8d3d46804e2afc56493440d3dfa437b7709abe96dc38daa854f3-76322931882e50f&mpshare=1&scene=23&srcid=0313cPMxxwAbErcW50YufCLk&appinstall=0#rd.

［133］最高检举行推动加强和创新未成年人保护社会治理新闻发布会[EB/OL].（2019-05-27）[2021-10-21]. http://www.scio.gov.cn/xwfbh/qyxwfbh/Document/1657181/1657181.html.

［134］从立德树人谈校园欺凌的防治[EB/OL].（2017-09-27）[2021-10-19]. http://say.cqnews.net/html/2017-09/27/content_43002405.htm.

［135］DFE. Bullying in school plummets [EB/OL]. [2016-03-25]. http://www.gov.uk/government/news/bullying-in-school-plummets.

［136］防范学生欺凌是落实立德树人根本任务的迫切要求[EB/OL].（2017-12-28）[2021-10-21]. https://chuzhong.eol.cn/news/201712/t20171228_1577004.shtml.

［137］School standards and framework act 1998 [EB/OL]. [2016-03-21]. http://www.legislation.gov.uk/ukpga/1998/31/section/61.

［138］BRISTOLCITYCOUNCIL . Anti-bullying guidance[EB/OL]. [2016-06-12]. http://www.Bristol,gov.uk/ search?p_pud=webworxxsearch_WAR_webworxxportlet&-p_p_Iifecycle=0&-_webworxxsearch_WAR_web-worxxportlet_keepFilters=true&_webworxxsearch_WAR_webworxxportlet_searchKeyword=antibullying+policy&searchTerm =antibullying%20 policy.

[139] Buckinghamshire County Council. Buckinghamshire anti-bullying strategy for schools 2006_2009[EB/OL]. [2020-08-17]. http://www.buckscc.gov.uk/moderngov/mgConvert2PDF.asp?ID=934=&J=1.

[140] East Sussex County Council. Anti-bullying strategy 2005-2008 [EB/OL]. [2021-03-16]. http://www.nya.org.uk/.../1C3C99C5-B181-4F19-841EB45793EF19EF_EastSussexanti-bullyingstrategy2005-2008.pdf.

[141] BBC News. Understanding bullying [EB/OL]. [2019-03-06]. http://www.bbc.co.uk/schools/parents/bullying/.

[142] UK Department for Education. Preventing and tackling bullying: advice for headteachers, staff and governing bodies [EB/OL]. [2019-03-09]. https://www.gov.uk/government/uploads/system/up-loads/attachment_data/file/444862/Preventing_and_tackling_bullying_advice.

[143] Department for Education. The use and effectiveness of anti-bullying strategies in schools.[EB/OL].[2020-03-02]. https://assets.publishing.service.gov.uk/government/uploads/sustem/uploads/system/uo;oads/attachment-data/file/182421/DFE-RR098.pdf.

[144] UK Department for Education. New relationships and health education in schools [EB/OL].[2019-03-19]. https://www.gov.uk/government/news/new-relationships-and-health-education-in-schools.

[145] UK. Children and social work act [EB/OL]. [2020-05-21]. http://www.legisilation.gov.uk/ukpga/2017/16/contents/enacted.

[146] Department for Children. Schools and Families. Safe from bullying: guidance for local authorities and other strategic leaders on reducing bullying in the community [EB/OL]. [2016-10-12]. http://www.antibullyingalliance.org.uk/media/7487/safefrombullyingcommunitygeneral.pdf.

[147] Department for Education. Behaviour and discipline in schools: advice for headteachers and School Staff [EB/OL]. [2016-10-11]. https//www.gov.uk/government/uploa is/system/uploads/attachmenl_data/fik/488034/Behaviour_and_Discipline_in_Schools_-_A_guide_for_headteachers_and_School_Slaff.pdf.

[148] "Columbine High School massacre" 词条[EB/OL].[2018-01-18].https://en.wikipedia.org/wiki/Columbine_High_School_massacre.

[149] 文部科学省. 小学校学习指導要領 [EB/OL]. [2020-04-01]. https://www.mext.go.jp/component/a_menu/education/micro_detail/_icsFiles/afieldfile/2018/09/05/1384661_4_3_2.pdf.

［150］中日新闻.いじめ認知が大幅増早期発見に効果［EB/OL］.［2018-10-31］.http://www.chunichi.co.jp/article/shizuoka/20181026/CK2018102602000042.html.

［151］いじめ防止対策推進法附則第1条［EB/OL］.［2016-2-21］.http://law.e-gov.go.jp/htmldata/H25/H25HO071.html.

［152］文部科学省.いじめ防止対策推進法（平成25年法律第71号）［EB/OL］.［2017-11-05］.http://www.mext.go.jp/a_menu/shotou/seitoshidou/1337278.htm.

［153］日本総務省評価局.いじめ防止対策の推進に関する調査結果報告書.［EB/OL］.［2018-3-16］.http://www.soumu.go.jp/menu_news/snews/107317_0316.html.

［154］文部科学省.いじめ防止対策推進法（概要）［EB/OL］.［2013-09-28］.http://www.mext.go.jp/component/a_menu/education/detail/_icsFiles/afieldfile/2018/08/21/1400030_001_1_1.pdf.

［155］文部科学省.いじめの防止等のための基本的な方針［EB/OL］.［2017-03-14］.http://www.mext.go.jp/component/a_menu/education/detail/_icsFiles/afieldfile/2018/08/20/1400030_007.pdf.

［156］文部科学省.コミュニティ？スクール（学校運営協議会制度）［EB/OL］.［2019-03-24］.http://www.mext.go.jp/a_menu/shotou/community/.

［157］公益社団法人日本PTA全国協議会.今すぐ！家庭でできるいじめ対策ハンドブック［EB/OL］.［2018-05-24］.http://nippon-pta.or.jp/material/apleht0000000mv8.html.

［158］文部科学省.いじめ問題等子どものSOSに対する文部科学省の取り組み［EB/OL］.［2015-8-18］.http://www.mext.go.jp/ijime/detail/1336269.htm.

［159］文部科学省.平成29年度「児童生徒の問題行動等生徒指導上の諸問題に関する調査」等結果について（学校内における暴力行為発生件数の推移）［EB/OL］.［2018-10-30］.http://www.mext.go.jp/b_menu/houdou/30/10/1410392.htm.

［160］日本総務省評価局.いじめ防止対策の推進に関する調査結果報告書［EB/OL］.［2018-3-16］.http://www.soumu.go.jp/menu_news/snews/107317_0316.html.

［161］文部科学省.SNS等を活用した相談体制の構築に関する当面の考え方（最終報告）［EB/OL］.［2018-3-28］.http://www.mext.go.jp/b_menu/shingi/chousa/shotou/131/houkoku/1404563.htm.

后 记

"校园欺凌"是一个冰冷而沉重的话题,更是需要我们高度关注和重视的议题。近年来,我国高度重视校园欺凌防治工作,并取得了积极成效。诚如我们所知,校园欺凌防控是建设高质量教育体系的重要内容,是学生成长成才的底线要求,需要各界高度重视、群策群力。因此,自2015年起,笔者便开始关注这个问题,并指导硕士研究生进行有关校园欺凌问题的研究,几年中刘建云、江萌、张学勤等多位硕士研究生以此为主题完成了硕士学位论文。本书正是在他们前期研究的基础上整理而成。

本书是集体劳动和智慧的结晶。全书由王喜娟确定编写大纲;王笑盈、王喜娟负责撰写第一章;陈亚静、王喜娟负责撰写第二章;江萌、王笑盈、陈亚静、王喜娟负责撰写第三章;江萌负责撰写第四章;张学勤负责撰写第五章;江萌、刘建云、张学勤、王笑盈、陈亚静共同负责撰写第六章、第七章。全书由王喜娟负责修改、统稿和定稿。

在本书即将付梓之际,衷心感谢广西民族大学教育科学学院各位同事们给予的帮助与支持。本书得到广西民族大学相思湖青年学者创新团队、广西民族大学教育科学学院学科建设经费资助,在此表示衷心感谢。

由于研究水平有限,书中如有疏漏与不足,敬请诸位同仁批评指正。

王喜娟
2021年12月1日
于广西民族大学